utb 3773

Eine Arbeitsgemeinschaft der Verlage

Böhlau Verlag · Wien · Köln · Weimar
Verlag Barbara Budrich · Opladen · Toronto
facultas · Wien
Wilhelm Fink · Paderborn
Narr Francke Attempto Verlag / expert verlag · Tübingen
Haupt Verlag · Bern
Verlag Julius Klinkhardt · Bad Heilbrunn
Mohr Siebeck · Tübingen
Ernst Reinhardt Verlag · München
Ferdinand Schöningh · Paderborn
transcript Verlag · Bielefeld
Eugen Ulmer Verlag · Stuttgart
UVK Verlag · München
Vandenhoeck & Ruprecht · Göttingen
Waxmann · Münster · New York
wbv Publikation · Bielefeld
Wochenschau Verlag · Frankfurt am Main

Dr. Rödiger Voss ist Wissenschafts- und Karrierecoach sowie Professor für Betriebswirtschaftslehre und Lernmanagement an der Fachhochschule Zürich.

Rödiger Voss

Überleben im Studiendschungel

Der Studienratgeber für Erstis

3., überarbeitete und erweiterte Auflage

UVK Verlag · München

Umschlagabbildung: © FredFroese, iStock
Autorenfoto: © Rödiger Voss
Abbildungen im Innenteil: Abb. 30: © illcha, iStock; Abb. 31: © phidong, iStock

Bibliografische Information der Deutschen Nationalbibliothek
Die Deutsche Nationalbibliothek verzeichnet diese Publikation in der Deutschen Nationalbibliografie; detaillierte bibliografische Daten sind im Internet über http://dnb.dnb.de abrufbar.

3., überarbeitete und erweiterte Auflage 2021
2. Auflage 2015
1. Auflage 2012
Die 1. und 2. Auflage sind unter dem Titel „Studi-Coach: Studieren für Anfänger" erschienen.

– ein Unternehmen der Narr Francke Attempto Verlag GmbH + Co. KG
Dischingerweg 5 · D-72070 Tübingen

Internet: www.narr.de
eMail: info@narr.de

Einbandgestaltung: Atelier Reichert, Stuttgart
Druck und Bindung: CPI books GmbH, Leck

utb-Nr. 3773
ISBN 978-3-8252-5518-3 (Print)
ISBN 978-3-8385-5518-8 (ePDF)
ISBN 978-3-8463-5518-3 (ePub)

Vorwort

Ein Blick zurück

Die Studienzeit ist eine ganz besondere Zeit im Leben, an die ich mich noch gerne zurückerinnere. Auf der einen Seite genießt man eine Reihe von Freiheiten, auf der anderen Seite übernimmt man mehr Verantwortung als zu Schulzeiten. Viele Studierende ziehen aus dem „Hotel Mama" aus und stehen auf eigenen Füßen. Aufgrund der zahlreichen Freiheiten und frischen Ansprüche ist es wichtig, Struktur und Pläne zu haben, um den richtigen Studien- und auch Lebensweg zu finden. Aus dem Grund habe ich während meiner Studienzeit ausführlich Literatur zu den Themengebieten Lernen und Lerntechniken, Zeitmanagement und Lebensplanung studiert. Ein angemessener Studienratgeber existierte zu dieser Zeit leider nicht. Es standen zwar sehr viele Werke zum wissenschaftlichen Arbeiten, die mich freilich auch sehr interessierten, zur Verfügung, aber eben kein Studienratgeber für Erstis. Heutzutage ist diese Lücke zwar weit weniger groß, da ein paar Werke zur Auswahl stehen und auch auf zahlreichen Websites Tipps und Tricks präsentiert werden.

Der Nutzen des Buches

Meiner Analyse nach deckt jedoch keines dieser Angebote das ganze Spektrum eines Ersti-Studienratgebers in allen relevanten Bereichen ab. Womit ein zentraler Vorteil dieses Werkes angesprochen wird: Hier finden Sie eine besondere Schwerpunktsetzung, die sich von bestehenden Büchern zum Studienerfolg abgrenzt. In komprimierter Form werden Themengebiete wie **Selbstmarketing**, **Lerntechniken**, **Ernährung** angesprochen – mit ihren wichtigsten Aspekten. Auf das Anschaffen von mehreren Büchern kann also getrost verzichtet werden – es sei denn, Sie wollen Ihr Wissen weiter vertiefen. Wenn Sie darauf verzichten, sparen Sie sich viel Lebenszeit, die oft zu spezialisierten Inhalte zu lesen und zu verstehen. Ein Randthema in diesem Buch bleibt lediglich das wissenschaftliche Arbeiten. Dieser Thematik habe ich aufgrund deren Komplexitätsgrades ein eigenes Buch gewidmet (Voss 2020), in dem von der Themenfindung bis zur -präsentation der ganze Prozess des wissenschaftlichen Arbeitens abgehandelt wird.

Die Lesbarkeit steht im Zentrum

Auf Lesbarkeit und Anwendungsbezug der dargebotenen Sachzusammenhänge wurde hier besonderer Wert gelegt, eine leichte Verständlichkeit steht eindeutig im Mittelpunkt. Daher unterstützen zahlreiche Beispiele, Merkhilfen und Abbildungen das Lesen. Am Anfang eines jeden Kapitels ist zudem noch ein Überblick zu den folgenden Ausführungen und elementaren Lernziele zu finden.

Das Buch basiert auf Erfahrungen und Schilderungen

Die Erfahrungen und Tipps, die ich Ihnen an die Hand geben will, speisen sich aus meinen eigenen Studienerfahrungen. Es geht zudem meine langjährigen Lehr- und Forschungspraxis an Hochschulen (u.a. Universität zu Köln, Otto-Friedrich-Universität Bamberg, Pädagogische Hochschule Ludwigsburg) und aktuell an der HWZ – Hochschule für Wirtschaft Zürich ein. Im Rahmen der genannten Tätigkeiten habe ich immer wieder aktives Coaching von Studierenden betrieben und eine Reihe von wissenschaftlichen Projekten zu „Anspruchsdenken", „Problemen" und „Motivation" der Studierenden erhoben. In der Lehre unterrichte ich aufgrund meiner Spezialisierung das Fach Lern- und Arbeitstechnik sowie weitere Eingangsinstruktionen für Studierende. Die im Ersti-Studienratgeber vermittelten Inhalte sind also in der Hochschulpraxis sowohl in der Lehre als auch im Coachingprozess bewährt. Die typischen Probleme und Wünsche der Studierenden wurden mir während der Arbeit mit Studierenden als Dozent und Studiengangleiter besonders bewusst. Um meine Beratungskompetenz zu optimieren, habe ich selbst noch eine entsprechende Coaching-Ausbildung absolviert.

Die Zielgruppe

Alle Studierenden, die ein wissenschaftliches Studium an einer Hochschule beginnen und erfolgreich absolvieren wollen, zählen zur zentralen Zielgruppe dieses Werkes. Sämtliche Themengebiete wurden speziell für Studierende und alle, die es werden wollen, aufbereitet. Die Inhalte und Problemlagen sind auf zahlreiche Studiengänge übertragbar, da sich vergleichbare Situationen in den Studiendisziplinen finden.

Danksagungen

Mein Dank gilt den vielen Studierenden, die durch sinnvolle Tipps und ihre Fragen in Lehrveranstaltungen und Beratungssituationen das Niveau des Werkes steigern konnten. Diese Anregungen sind selbstverständlich auch weiterhin herzlich willkommen. Über die Mitteilung von Erfahrungen und kritischen Hinweisen von Leserinnen und Lesern dieses Werkes würde ich mich ebenso freuen. Schreiben Sie einfach an meine Adresse studiendschungel@uvk-muenchen.de.

Prof. Dr. Rödiger Voss, Zürich im Frühjahr 2021

Was kommt auf Sie zu?

Der Aufbau des Ersti-Studienratgebers

Nach diesem Eingangskapitel werden **Eigenschaften und Verhaltensweisen** von erfolgreichen Studierenden dargestellt, die aus zahlreichen persönlichen Interviews und wissenschaftlichen Studien abgeleitet wurden. Prüfen Sie also in Form einer Situationsanalyse genau, welche dieser Merkmale Sie aktuell erfüllen: Nur wer sich selbst und vor allem seine Fähigkeiten und Möglichkeiten kennt, weiß auch um seine Studienkompetenz. Kein Problem, wenn Sie nicht alle Kriterien erfüllen. Dafür gibt es ja schließlich den vorliegenden Studienratgeber für Erstis. Im Anschluss wird das **Zeitmanagement** thematisiert. Sie werden merken, dass gerade im Studium ein gelungenes Zeitmanagement sehr wichtig ist. In den darauffolgenden Kapiteln geht es um **Lern- und Lesestrategien**. Seien Sie nicht abgeschreckt von den vielen alternativen Methoden: Studienerfolg bedeutet nicht, alle anwenden zu müssen, sondern die richtige Verbesserungsoption für sich zu wählen. Erfolgreiche Studierende wissen aber über zahlreiche Alternativen Bescheid und können sie bei Bedarf anwenden – ein Zusammenhang, der vielfach bewiesen wurde, wie etwa bei mathematischen Lernstrategien in der Studie von Montaque & Bos (1990).

Nicht zu vergessen ist auch der Aspekt der **Ordnung**, der im Teil der Lern- und Arbeitstechnik integriert ist. Im Volksmund heißt es nicht zu Unrecht *„Ordnung ist das halbe Leben"*. Im Studium ist dieser Anteil nicht minder hoch. Greifen wir auf eine weitere Weisheit mit lateinischem Ursprung zurück: *„In einem gesunden Körper wohnt ein gesunder Geist"*. Viele Studierende beherzigen diese Tugend nicht, was sich bereits im Studium negativ auswirken kann. Zudem ist die Gesundheit auch für das zukünftige Wohlbefinden ein wichtiges Gut. Aus dem Grunde wird den Themen **Ernährung**,

Ergonomik, **Entspannung** sowie **Sport und Fitness** ein eigenes Kapitel zugestanden. Sämtliche im Studium gewonnenen Kompetenzen bringen Ihnen wenig, wenn Sie diese nicht richtig „verkaufen" können. Im letzten Kapitel geht es deshalb um die Vermarktung Ihrer Fähigkeiten: Um **Marketing und Social Media**. Im **Anhang** des Buches wird auf die Literatur verwiesen. Ist Ihnen im Text ein Wort unklar, dann hilft ein Blick in das Glossar, welches sich ebenfalls am Ende des Buches befindet.

Die Beispiele und Hilfen im Studienratgeber für Erstis

Sie finden zweierlei Beispieltypen in diesem Werk: Studienbeispiele und Beispiele aus der Forschung. **Studienbeispiele** sind direkte Praxisfälle aus dem Studienleben. Es handelt sich um selbst erlebte Erfahrungen, von Studenten berichtete Fälle oder allgemeine Praxisproblemlagen. **Beispiele aus der Forschung** beziehen sich auf Studienergebnisse aus wissenschaftlicher Forschung rund um das Studentenleben sowie auf Forschungsansätze, die direkt darauf zu übertragen sind. Der Punkt **Studi-Tipp** betitelt Hilfsprogramme (Internetseiten, Software), die Studierende für das Lernen nutzen können. Zudem finden Sie unter diesem Punkt eine Reihe von erprobten Ratschlägen, um Ihr Studienverhalten zu optimieren.

Wie lese ich den Studienratgeber für Erstis?

Teilweise finden sich Klammern hinter einigen Aussagen. Das bedeutet, dass auf wissenschaftliche Erkenntnisse aus Fachartikeln zurückgegriffen wird, um die entsprechende Aussage zu untermauern. Um dann Genaueres über die Quelle zu erfahren, müssen Sie nur ein paar Seiten weiter hinten zum Literaturverzeichnis blättern. Dort finden sich Informationen zum genauen Titel der Veröffentlichung und zum Erscheinungsort. Wenn Sie die Studie lesen wollen, können Sie sich diese nun leicht besorgen. Denn mit diesem Buch finden Sie kein wissenschaftliches Fachbuch, das würde die Lesbarkeit und vielleicht auch Lesefreude einschränken. Sie finden aber ein Buch, das neben den geschilderten Erfahrungen auch auf vielen Erkenntnisse aus der Wissenschaft beruht.

Die Lesbarkeit soll zudem durch eine Visualisierung der Inhalte eines jeden Kapitels am Beginn des Kapitels vereinfacht werden. Schauen Sie sich diese Grafik vor dem Lesen und nach dem Lesen des Kapitels an, damit Sie durch diese Eingangsinformation noch besser sensibilisiert für die Inhalte sind. Dem gleichen Zweck dienen die Zielformulierungen am Anfang des Kapitels.

Inhalt

1 Mit vorteilhaften Fähigkeiten und Eigenschaften auf die Studienrallye

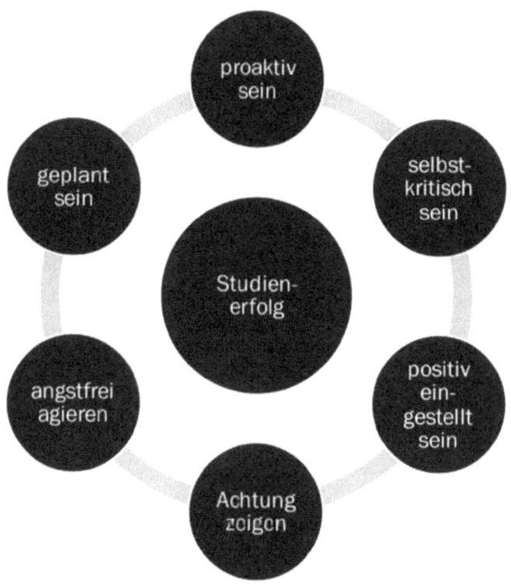

Zentrale Ziele dieses Kapitels

- Ihre Rolle als Studierender einer Hochschule erkennen
- Notwendige Fähigkeiten und Eigenschaften für den Studienerfolg kennenlernen
- Zum eigenen Study-Leader durch proaktives Verhalten werden

1.1 Mein neues Leben im Studium

Die Hochschule – eine unbekannte Welt

Auf den ersten Blick wirkt eine Hochschule wie eine normale Schule mit viel mehr Schülerinnen und Schülern. Zudem bietet sich die schöne Möglichkeit, sich auf eher wenige Fächer zu begrenzen und diese auch noch relativ frei wählen zu können. Lassen Sie sich davon nicht blenden, Sie kommen in eine veränderte Welt. Es existieren eine Reihe von Unter-

eine veränderte Welt. Es existieren eine Reihe von Unterschieden zwischen Schul- und Hochschulzeit hinsichtlich Stundenplan, Lernstoff, Betreuung und Selbstverantwortung. Fangen wir beim Stundenplan an.

Der Stundenplan ist doch nicht so frei zu gestalten

An Fachhochschulen oder Dualen Hochschulen ist der Stundenplan in der Regel ziemlich genau vorgegeben. Aber auch an Universitäten können Sie nicht alle Fachveranstaltungen beliebig nach Ihren Vorstellungen belegen: Fast alle Studienfächer geben besonders für den Bachelor-Studiengang mehr oder weniger verbindliche Stundenplan-Empfehlungen heraus. Dieser Unterschied zwischen Schule und Hochschule ist aus der Perspektive folglich gar nicht so groß. Nun aber zu sichtbaren Unterschieden: Vergessen Sie den Umfang des Stundenplans von ca. 25–30 Wochenstunden zu Schulzeiten. Lernen an der Hochschule findet zwar auch in den Veranstaltungen statt, aber etwa nur zur Hälfte der Zeit. In der anderen Zeithälfte ist Selbststudium gefragt, d.h. in Bibliotheken oder zu Hause am Schreibtisch.

Es ist viel zu lernen

Der Lernstoff ist zwar im Wesentlichen auf ein Fachgebiet zentriert, aber dieses ist sehr breit angelegt. Des Weiteren bietet sich eine viel größere Stofffülle, weshalb die Prüfungen viel umfangreicher als zu Schulzeiten sind. Um den Einsatz innovativer oder um eine Optimierung alter Lernstrategien kommen Sie als Studierender fast nicht umhin.

Die Betreuung wird minimiert

Klassenlehrer oder Stufenleiter gehören der Vergangenheit an. Viele Informationen werden Ihnen auch nicht wie selbstverständlich von der Hochschule zugestellt, Selbstbeschaffung ist gefragt. An vielen Hochschulen bestehen jedoch **Mentoren-Systeme**, die Studierenden einen Ansprechpartner zuweisen. Daneben gibt es oft spezielle Studienfachberater, die über die Studienfächer informieren. Der Studierende ist freilich gefragt, deren Meinung auch selbst einzuholen. Die Selbstständigkeit zeigt sich auch in dem eingeschränkten Kontakt zu den Dozierenden. Dozierende sind eher beratende Personen, die nur eingeschränkt zur Verfügung stehen. Auf ihrem Lehrgebiet sind sie in der Regel absolute Experten oder Expertinnen und weit tiefer spezialisiert als Lehrkräfte in der Schule. Dozierende werden Sie in der Regel aber nicht fragen oder kontrollieren, ob Sie in der Vorlesung gewesen sind, ob Sie Ihre Aufgaben gemacht oder ob Sie gelernt haben. Wenn Sie Ihre Leistung in der Prüfung nicht erfüllen, werden Sie eben schlecht benotet.

Noch mehr zur Selbstverantwortung

Der Grad der Selbstständigkeit und Eigenverantwortung ist auch in anderen Bereichen weit höher als zu Schulzeiten. Dazu gehört etwa die sorgsame Vor- und Nachbereitungszeit von Lehrveranstaltungen, wobei Fachbücher und Artikel in Fachzeitschriften gelesen und Übungsaufgaben gelöst werden müssen. Sie scheinen auch sehr viel Ferien (vorlesungsfreie Zeit) an einer Hochschule zu haben. Diese Zeit ist jedoch reserviert für Berufspraktika bzw. Schulpraktika, Prüfungsvorbereitungen, Ferienjobs zur Finanzierung des Studiums oder für die Vorbereitung des nächsten Semesters. Für das Lesen wissenschaftlicher Bücher und Aufsätze benötigt man Zeit und Ruhe, die man während der Vorlesungszeit kaum findet. Studierende, die die vorlesungsfreie Zeit als reine Ferienzeit nutzen, werden im Studium eher schlechter abschneiden und wenige Zusatzqualifikationen (vgl. Kap. 7.4) erwerben. Sie können es schon deutlich herauslesen: Eine umfangreichere, professionellere Arbeitsorganisation ist zum Überleben in der Hochschullandschaft vonnöten.

Hochschule	breites Fachstudium
	große Stofffülle
	umfangreiches Lernen für Prüfungen
	hoher Grad an Selbstständigkeit
	großer Anteil des Eigenstudiums
	eingeschränkter Kontakt zu Dozenten
	viele Informationen müssen selbst beschafft werden

Tab. 1: Neues Rollenprofil für Studierende an der Hochschule im Überblick

Über den Sinn eines Studiums

Ziel eines Studiums ist nicht die reine Wissensaneignung, sondern die Entwicklung von persönlichen Fähigkeiten wie analytischem und logischem Denken oder mündlicher und schriftlicher Kommunikation. In diesem Zusammenhang wird auch das Wort **Kompetenz** gebraucht. Die Aneignung einer Kompetenz erfordert intensives Training und Ausdauer. Mit einem Studium erweitert man seine Handlungskompetenz (vgl. Abb. 1), indem man seine Fach-, Methoden-, Human- und Sozialkompetenz verbessert.

Fachkompetenzen ermöglichen es, dass Personen fachliche Aufgaben und Probleme in ihrem Berufsfeld selbständig und fachkundig lösen. Mit Hilfe der Fachkompetenz können sie wechselnde Berufsanforderungen bewältigen. Um einen Beruf ausüben zu können, ist in vielen Fällen ein grundlegendes Fachwissen nötig. **Methodenkompetenz** versetzt Individuen in die Lage, sich neue Informationen und Kenntnisse anzueignen mit Hilfe von Strategien, Lern- und Arbeitstechniken und Methoden. Es ist demnach die Fähigkeit und Bereitschaft, sich Informationen zu beschaffen, zu strukturieren, auszuwerten und in anderen Situationen wiederzuverwenden. **Human- und Sozialkompetenz** ist die Fähigkeit und Bereitschaft, in Kommunikations- und Interaktionssituationen angemessen zu agieren und effektiv zu handeln. Letzteres bedeutet, erwünschte Wirkungen zu maximieren (z.B. Anteil an der allgemeinen Zufriedenheit in einer Arbeitsgruppe) und unerwünschte Wirkungen zu minimieren (z.B. Ärger und Unverständnis bei der Zusammenarbeit mit anderen Studierenden).

Studienbeispiel: Methodenkompetenz

Arbeitstechniken kennzeichnen z.B. den Umgang mit Hilfsmitteln. Dies können auch triviale Aspekte sein wie etwa der Umgang mit einem Wörterbuch der jeweiligen Fachrichtung. Hier wären methodische Fragen: „Wie finde ich hier einzelne Begriffe?“ oder „Wie ist mit einem Autorenverzeichnis umzugehen?“.

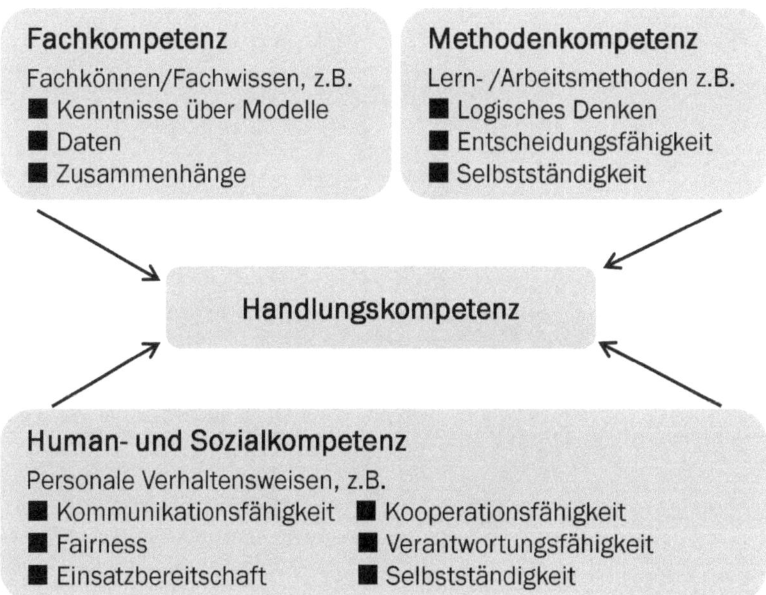

Abb. 1: Im Studium angesprochene Kompetenzen

Während in früheren Zeiten ein besonderes Augenmerk auf fachliche Kompetenzen gelegt wurde, ist heutzutage unumstritten, dass Wissen in vielen Studiengängen sehr kurzlebig ist. Es ist durch Training on the job oder durch Weiterbildung situationsentsprechend zu aktualisieren. Ein Studium ist keine pure Fachausbildung, sondern führt zur Bildung einer sozial kompetenten, erfahrenen und gefestigten Persönlichkeit. Die erworbene Handlungskompetenz befähigt zur Ausfüllung eines Jobs sowie zur Lebensführung.

Kompetenzen Schritt für Schritt ausbauen

Ganz ungerüstet sind Sie nicht, um den Hochschuldschungel zu durchkämmen. Denn Sie haben bereits eine Schullaufbahn absolviert und eine Reihe von Kompetenzen erworben, die im Studium reaktiviert werden müssen. Im Erststudium und den darauffolgenden Aus- und Weiterbildungen werden die Kompetenzen Schritt für Schritt angereichert, das eigene Handlungsspektrum wird infolgedessen wesentlich erhöht (vgl.

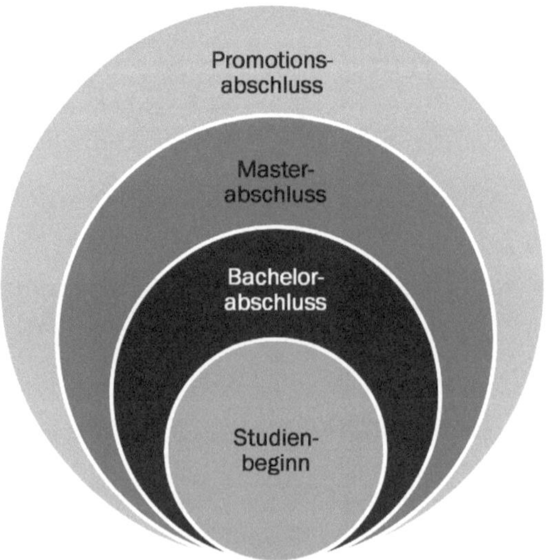

Abb. 2: Ausbau der Handlungskompetenz im Studienverlauf

Abb. 2). Selbstverständlich geht im Studienprozess auch einiges wieder verloren, wie ein Teil des tiefen Fachwissens. Vor allem die Methoden- und Persönlichkeitskompetenz werden jedoch stetig erweitert.

1.2 Nötige Fähigkeiten und Eigenschaften

1.2.1 Proaktiv sein

Was macht proaktives Denken aus?

Proaktiv sein bedeutet, selbst die Verantwortung für sein Leben zu tragen. Dahinter steckt die Erkenntnis, dass unsere Gedanken über all unsere Aktionen, unsere Fähigkeiten, unsere Beziehungen zu anderen Menschen und unsere Motivation bestimmen. Wir haben glücklicherweise die Freiheit, Dinge zu tun oder zu lassen, solange wir nicht grob gegen rechtliche oder moralische Regeln verstoßen.

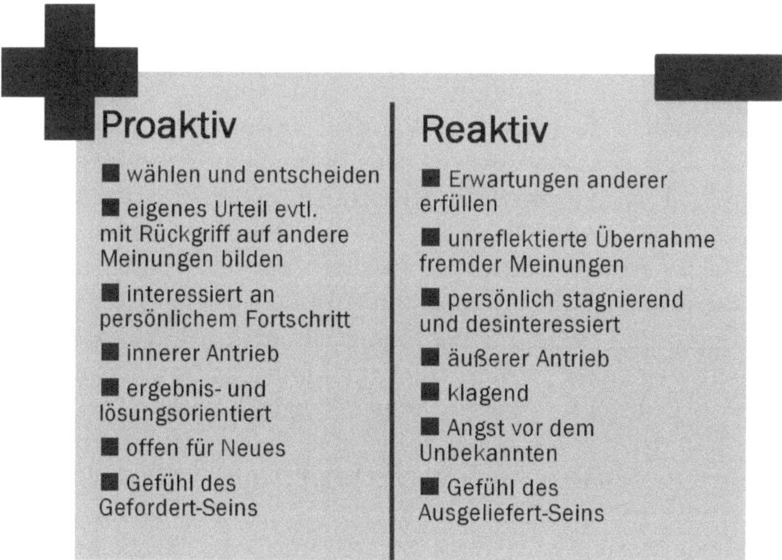

Abb. 3: Proaktives versus reaktives Verhalten

Study-Leader durch proaktives Verhalten

Proaktive Studierende konzentrieren sich auf Momente im Studium, die sie beeinflussen können, sowie darauf, sich an gewissen Vorgaben der Hochschule zu orientieren und diese pflichtgemäß einzuhalten und kreativ auszufüllen. Sie werden zu ihrem eigenen **Study-Leader** und entwickeln ihre „studentische Identität" – sie designen ihr eigenes Studium. Das schließt eine lebendige, selbst forschende und erkundigende Lebenseinstellung ein. Sie sind kein passiver Konsument in einer Lehrveranstaltung, sondern hinterfragen die Lehrinhalte und arbeiten diese aktiv nach. Aktives Mitarbeiten in Lehrveranstaltungen steigert die Aufmerksamkeit und damit den Lernerfolg. Eine proaktive Einstellung umfasst auch die Offenheit, **neue Lern- und Lesemethoden** (vgl. Kap. 4 und 5) auszuprobieren und diese genau auf die Anwendbarkeit im eigenen Studienleben zu bewerten, um für kommende Aufgaben gut gerüstet zu sein.

Herausforderungen suchen heißt, proaktiv zu sein

Ein Studium sollte nicht als bloße Pflichtaufgabe angesehen werden. Vielmehr sollte es als Herausforderung, mit der man persönlich reift, betrachtet werden. Durch diese Sichtweise kann Ihr Selbstbewusstsein Schritt für Schritt weiter wachsen: Reaktive Formulierungen wie *„hätte ich nur"*, *„ich kann nicht"* oder *„so bin ich eben"* sind in dieser proaktiven Sichtweise hinderlich. Stattdessen werden Sie selbst tätig, um die Herausforderungen im Studium und Leben allgemein zu bewältigen und dabei für weitere, noch anspruchsvollere Aufgaben zu lernen. Dieser Zusammenhang sollte auch in Sätzen ausgedrückt werden: *„ich will..."* oder *„ich kann..."*. Nicht ein potenzielles Versagen sollte also Bezugspunkt des Denkens sein, sondern ein erfolgreiches Erledigen der Aufgaben. Proaktive Studierende verbessern mit Durchhaltewillen, auch in Motivationstiefs, ihre Leistung, z.B. durch umfangreiche Wiederholungen des Lernstoffs.

Studi-Tipp: Glauben Sie an sich selbst

Zeigen Sie immer wieder Ihre Hartnäckigkeit und den Glauben an sich selbst und Ihr Studium. Das bedeutet, nach einem eher erfolglosen Tag den nächsten Tag mit Elan anzugehen. Beantworten Sie die Frage, wie Sie den Tag optimal gestalten können und was Sie an diesem Tag konkret weiterbringt. Falls Sie sich dazu temporär zu schwach fühlen, suchen Sie sich Hilfe, um aus einem etwaigen Stimmungstief zu kommen.

Studi-Tipp: Aufschieberitis nicht zulassen

Sie sind mit dem linken Fuß aufgestanden und das Wetter ist ach so schön. Aus dem Grund haben Sie im Gefühl *„lernen bringt heute eh nichts"*. Vorsicht: Infizieren Sie sich nicht mit der Krankheit **Aufschieberitis**. Gerade ab dem zweiten Studiensemester kommen solche oder vergleichbare Gedanken immer mal wieder vor, da der Einstiegselan des ersten Semesters etwas verflogen ist. Üben Sie sich dennoch in Selbstdisziplin und setzen Sie sich trotz der offensichtlichen Demotivation an Ihren Schreibtisch oder gehen Sie in die Bibliothek. Kurbeln Sie dann mit einer leichten Aufgabe den Lernprozess an, um in den Lernstoff reinzukommen. Eine weniger produktive ist besser als gar keine Lernstunde. Mit der Zeit wird Ihre Selbstdisziplin immer weiter perfektioniert und Sie finden immer besser die Motivation zum Lernen.

Studi-Tipp: Motivation steigern

Wenn Sie einmal nicht richtig in den Gang kommen, können Sie mit Freunden wetten, dass Sie die eine oder andere Aufgabe erfolgreich angehen und lösen werden. Den Wetteinsatz kann man mit einer Belohnung für sich selbst verbinden, dann ist die Motivation optimal angeregt.

Abb. 4: Proaktive und reaktive Sprachmuster

1.2.2 Selbstkritisch denken

Die Schuld nicht immer bei anderen suchen

Sie gestalten Ihre Umwelt weitestmöglich mit. Statt die Verantwortung immer nur bei anderen zu suchen oder sich zu beklagen, fangen Sie bei sich selbst an. Weisen Sie die Schuld immer einseitig einem anderen zu, z.B. Dozierenden wegen schlechter Noten, so vergeben Sie ein Stück Kontrolle und Verantwortung für Ihre eigene Person. Schwächere Studierende machen oft den Fehler, zu wenig kritisch mit ihrer eigenen Leistung zu sein. Bessere Studierende sehen ihre guten Leistungen kritisch und versuchen stetig, Verbesserungspotenziale abzuleiten. Das heißt nicht, dass man alles schlecht oder überkritisch sehen sollte. Vielmehr ist eine normal kritische Selbstanalyse angesprochen. Auch offensichtliche Fehler bei der Notengebung (z.B. fehlerhafte Addition von Punkten) von Dozierenden sollen selbstverständlich reklamiert werden.

Fehler als Reflexionsanreiz

Fehler sollten als Ansporn zur Verbesserung gesehen werden, denn Irren ist menschlich. Das perfekte Studium und der perfekte, fehlerlose Studienweg, bei dem nichts schief geht, existiert schließlich nicht. Sich einer solchen Illusion hinzugeben, bindet nur unnötig Energie und Kraft. Studieren trägt, wie das reale Leben, immer ein Stück Unvollkommenheit und Probleme in sich. Wo wäre sonst der Reiz? Ecken und Kanten gilt es zu akzeptieren und bestmöglich damit umzugehen, indem man daraus lernt und vermeidet, den gleichen Fehler mehrfach zu wiederholen. Wichtig ist es also, die Schwachstellen zu identifizieren und anzugehen.

1.2.3 Positiv sehen

Negative Sichtweisen schränken ein

Es bringt wenig, negativ über das Studium und die sich daraus ergebenden Möglichkeiten zu denken. Gerade das Positive zu finden und dadurch Motivation zu gewinnen, unterscheidet die erfolgreichen von den erfolglosen Studierenden. Emotionen wie Ärger und Frust sind Hauptgründe für Versagen und Unzufriedenheit und rauben die Studienfreude. Aversionen gegen bestimmte Fächer (*„Statistik habe ich schon immer gehasst“*) oder Dozierende (*„Der Idiot kritisiert immer nur“*) sind kontraproduktiv. Auch im Beruf und übrigen Leben gilt es mit Dingen umzugehen, die Ihnen auf den ersten Blick weniger sympathisch erscheinen. Von Bedeutung ist also, eine positive Grundstimmung zu gewinnen.

Nutzen identifizieren

Es ist sinnvoll, selbst in den „unbeliebten“ Fächern einen Nutzen zu identifizieren und sich ihnen emotional zu öffnen. Stellen Sie sich z.B. die Frage: *„Was kann dieses Fach für meinen aktuellen oder potenziellen Beruf bringen?“* oder *„Welche neue Kompetenzen kann ich durch das Fach erlangen?“* Anregungen eines Dozierenden können Sie gut als Chance für

Ihre persönliche Entwicklung interpretieren. Schreiben Sie seine Kritik nieder und leiten Sie sofort **Verbesserungsmaßnahmen** daraus ab. Das positive Element kann auch indirekt gesucht werden: „Freunden imponieren“, „Dozierende für sich begeistern“ oder „ein Fach und seine Prüfung für seinen späteren Traumjob bestehen“. Wenn Sie nicht sofort für jedes Fach einen Nutzen herausfinden, schalten Sie Ihre Gefühle am besten in eine Art **Standby-Modus**, bevor eine Abneigung aufkommt. Ein Nutzen kristallisiert sich in vielen Fällen erst heraus, wenn Sie das Fach näher kennengelernt und verstanden haben.

Studi-Tipp: Positiven Nutzen suchen

Sie sind kein Fan von dem Fach „Wissenschaftliches Arbeiten“, weil Zitierregeln und Literaturangaben einfach nur langweilen. Auch für ein kleines Forschungsprojekt in einer Arbeitsgruppe finden Sie kein großes Interesse. Suchen Sie einen positiven Nutzen. Denken Sie z.B. daran, dass in vielen Jobs das Arbeiten in Projektgruppen ein wichtiger Bestandteil ist. Denken Sie auch daran, dass eben diese Genauigkeit bei vielen Tätigkeiten strikt gefordert ist und man durch wissenschaftliches Arbeiten (z.B. exakte Zitierweise oder Literaturangaben) darin trainiert wird.

Studi-Tipp: Einen motivierenden Ansatz suchen

Sie hassen die Mathematik, die Sie für Ihr Studium brauchen. Alle Formeln sind für Sie böhmische Dörfer. Leider ist das Bestehen der Prüfung für den weiteren Studienweg entscheidend. Suchen Sie einen motivierenden Ansatz: Im Studium ist es wichtig, die Konzentration zu schulen und dies können Sie durch das Lernen und Analysieren der Formeln sicher. Zugleich trainieren Sie logisches und abstraktes Denken – auch eine elementare Voraussetzung für einen erfolgreichen Studien- und Berufsweg.

Wie finde ich das Positive sonst noch?

Suchen Sie bei anderen: Beobachten und befragen Sie z.B. Ihre Kommilitonen und Dozierenden, um das positive Element in den Fächern zu identifizieren und lassen Sie sich gegebenenfalls von deren Begeisterung anstecken. Durch deren positive Sichtweise schwören Sie auch keine bösen Geister herauf. Sie umgehen, negative, sich selbst erfüllende Prophezeiungen hervorzurufen. Bei Letzteren handelt es sich um Annahmen oder Vorurteile, die rein aus der Gegebenheit heraus, dass sie gesetzt wurden, das vorhergesagte Ereignis zur Wirklichkeit werden lassen. Die Richtigkeit der negativen Grundannahme wird somit bestätigt.

Studienbeispiel

Sie sind fest davon überzeugt, dass ein Dozierender Sie nicht besonders schätzt. Aus dem Grund werden Sie ihm gegenüber misstrauisch und respektlos, was sich in einem schlechten Verhalten (z.B. ins Wort fallen) zeigt. Durch Ihre Taten rufen Sie beim Dozierenden eventuell jene Geringschätzung hervor, die Ihrer im Vorhinein getroffenen Annahme entspricht. Er denkt über Sie *„Mensch, der/die hat der eine schlechte Kinderstube"*.

1.2.4 Achtung zeigen

Fehlende Achtung kostet Kontakte

Mangelnde Achtung vor anderen Meinungen und Personen schränkt die eigene mentale Freiheit ein. Urteilen Sie im Studium z.B. nicht immer kritisch über Kommilitonen (*„Der hat die gute Note nicht verdient, weil der dumm ist"*) oder Dozierende (*„Der sollte einmal richtig sprechen lernen"*). Die Urteile rufen bei Ihnen negative Gefühle hervor und verursachen Stress. Zudem beeinträchtigen Sie Ihre Fähigkeit zum sozialen Kontakt, weil man mit jemandem, den man gedanklich herabwürdigt, wenig oder nichts zu tun haben will. Man mindert also seine eigene Kontaktfähigkeit durch sein negatives Denken.

Urteilsfreie Individuen sind glücklicher

Sinnvoller ist es, mit anderen auch in seinen eigenen Werturteilen achtsam umzugehen. Ein solcher Ansatz entspricht nicht nur dem Kontext buddhistischer Lehre von Befreiung und Erleuchtung, sondern wird auch von einer Reihe westlicher Psychologen verfolgt. Kabat-Zinn (2003) spricht in diesem Zusammenhang von einer **„nicht-urteilenden Qualität“** beim Umgang mit ablehnenden Gedanken: Nichturteilende Individuen treffen Entscheidungen mit größerer Klarheit, sind effektiver im Handeln und fühlen sich glücklicher als urteilende. Negative Gefühle werden durch die Würdigung von anderen Leistungen vermieden. Wer Achtsamkeit praktiziert, lernt auch, Erlebnisse mit anderen zu erleben, ohne sie unmittelbar in existierende negative Eindrücke einzufügen und mit früheren Erfahrungen zu verknüpfen. Dies eröffnet eine größere Offenheit gegenüber neuen Situationen und positiven Erlebnissen.

1.2.5 Angstfrei agieren

Angst macht im Kopf unfrei

Angst wirkt negativ auf das Leistungsverhalten, z.B. wenn Sie sich vor Prüfungssituationen zu viele Gedanken hinsichtlich der späteren Leistungsbewertung oder eines möglichen Versagens machen. Die Angst wird schnell zu Ihrem stetigen Begleiter – auf dem Weg zum Hörsaal, mittags in der Mensa oder abends im Bett. Infolge dieser Besorgtheit wird ein beträchtlicher Anteil Ihrer Aufmerksamkeit gebunden. Ihre Denkprozesse konzentrieren sich darauf, Alternativen zu suchen, um der Angst zu entkommen. Diese Aufmerksamkeit kann dann nicht für die Aufnahme von neuem Lernstoff verwendet werden. Daher kommt es zu einer Einschränkung der Leistungsaufnahme und einer schlechteren Speicherung der Eindrücke im Gedächtnis.

Angst führt zum Aufschieben

Angst ist ebenfalls ein Auslöser der bereits genannten **Aufschieberitis** (vgl. Kap. 1.2.1), also dem Verschieben von Abgabeterminen. Durch Versagens- und Bewertungsangst trauen sich Studierende nicht, beispielsweise eine Hausarbeit abzugeben. Hinter den negativen Gefühlen steckt in vielen Fällen die Angst vor den Folgen des Versagens, wie z.B. Gesichtsverlust oder Spott. Das Wichtigste ist, dass Sie sich klarmachen, dass es immer wieder Optionen im Studien- und im ganzen Leben gibt und nichts endgültig ist.

Studi-Tipp: Ohne Angst in Prüfungen gehen

Nehmen Sie sich selbst Ängste vor dem Durchfallen bei Prüfungen. Sagen Sie sich, dass Sie es schaffen und wenn Sie es nicht schaffen, dann wiederholen Sie die Prüfung zu einem späteren Zeitpunkt mit besseren Kenntnissen. Lernen Sie noch etwas intensiver, vielleicht haben Sie sich einfach nur überschätzt.

Studi-Tipp: Sag nein zu Kaffee und Co

Schränken Sie den Konsum von „Aufputschmitteln" wie Kaffee, Energydrinks usw. am Tag der Prüfung und den Tagen davor etwas ein. Diese Mittel können die Nervosität und damit auch die Angst steigern, weil sie den Kreislauf in Schwung bringen. Trinken Sie an den Tagen lieber Mineralwasser, ungezuckerten Kräutertee oder einen Fruchtsaftmix.

Studi-Tipp: Inneres Schnattermaul zum Schweigen bringen

Auch bei der Angstüberwindung heißt es wieder „proaktiv sein". Sobald Sie spüren, dass das innere Schnattermaul im Kopf sich bemerkbar macht und versucht, negative Stimmung und daraus folgend Prüfungsangst zu verbreiten, schreien Sie in Ihren Gedanken: „Halt Ruhe! Du nervst". Ein solches Vorgehen ist ein erster Schritt in Richtung einer „Gedankenumkehr" von dekonstruktiven in konstruktive Gedanken.

Negative Verbindung bleibt

Ein weiteres Problem ist, dass beim Lernen unter Angst das negative Gefühl automatisch von unserem Gehirn mitgespeichert wird und bei späterem Erinnern wieder hervortritt. Den gleichen Effekt wie Angst haben übrigens Ärger und speziell aufgestauter Ärger. Erneut wird die Aufmerksamkeit durch den direkt verspürten Ärger und das hartnäckige Erinnern daran gebunden. Es ist also sinnvoll, seine negativen Gefühle zu erfassen und Maßnahmen einzuleiten, um sie zu eliminieren. Um z.B. Ärger und auch Angst zu verarbeiten, empfiehlt sich Ablenkung, die in Sport oder Relaxen liegen kann (vgl. Kap. 6.5). In besonders extremen Fällen von Angst und Ärger, die die ganze Studienleistung negativ beeinflussen, reicht dies aber nicht mehr aus. Bei diesen Gegebenheiten können ein Arzt oder Psychologe sowie psychologische Beratungsstellen der Hochschule helfen und durch empfohlene Maßnahmen den Umgang mit den negativen und sehr belastenden Emotionen verbessern.

1.2.6 Geplant vorgehen

Ziele als Erfolgsfaktoren

Zielformulierungen und Planung des Studiums sind wichtige Erfolgsgaranten für ein Studium, denn sie bringen den inneren Antrieb in Schwung. Voraussetzung für das Ableiten von Zielen und Zeitplänen ist die Erfassung seiner Fähigkeiten sowie die Abschätzung der Umweltfaktoren. Mit wenigen Minuten täglicher Planung sind schnell viele Stunden Zeit zu sparen. Vergessen Sie nicht, dass erneut Hartnäckigkeit und Selbstdisziplin Wegbegleiter sein müssen, denn die Ziele müssen im positiven Sinn abgearbeitet werden. Aufgrund der besonderen Relevanz des Zeitmanagements (vgl. Kap. 3) und der Persönlichkeitseinschätzung und Zielplanung (vgl. Kap. 2) ist den beiden Themenbereichen jeweils ein eigenes Kapitel in diesem Buch gewidmet.

Ordnung ist unverzichtbar im Studienleben

Ein effizientes Studium ist alles andere als ungeordnet. Zur Ordnung gehören aber nicht nur Ziele oder Zeitmanagement, sondern auch Maßnahmen wie richtiges Abheften und eine sinnvolle Struktur auf dem PC. Lesen Sie das Kapitel 4.6, um dazu einen umfassenderen Einblick zu erlangen

2 Sich als Mensch im neuen Lebensabschnitt positionieren

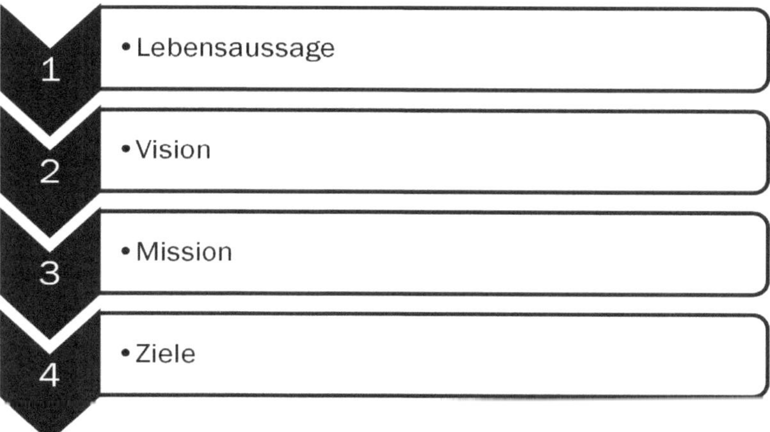

Zentrale Ziele dieses Kapitels

- Sich seiner selbst als studierende Person bewusst werden
- Die eigene Vision und Mission schriftlich fixieren
- Faktoren des Glücks vergegenwärtigen
- Stärken und Schwächen formulieren und reflektieren
- Studienziele ausarbeiten

2.1 Ebenen der Selbstfindung

Das Glück steht im Zentrum

Ziel eines jeden Menschen ist es letztendlich, sein persönliches Lebensglück und seine innere Zufriedenheit zu finden.

Diese Gründe bewegen dazu, ein Studium zu beginnen: Man hält sich für qualifiziert und möchte seine Qualifikationsbasis weiter ausbauen, um das zu erreichen, was man für sich erwartet und für sich angemessen hält. Man versucht, Stück für Stück sein **Glück** zu finden und zu erhalten. In dem Fall kann man richtig genießen, was man bekommt. Die Amerikaner hielten das Streben nach Glück sogar für so unverzichtbar, dass sie es am 4. Juli 1776 als Menschenrecht in ihrer Unabhängigkeitserklärung verankerten. Nun aber zurück zum Studium: Glücksempfinden ist auch im Studium etwas sehr Persönliches; jedes Individuum versteht darunter etwas anderes. Der eine empfindet ein starkes Glücksgefühl, wenn er an einem schönen Morgen durch den Park zur Hochschule fährt und dabei die frische Luft einatmet. Andere mögen bei solchen Fahrten eher indifferent sein und das A und O für ihr Glück im Studienerfolg – sprich guten Noten – spüren. Vergessen Sie bei all dem Erfolgsstreben und den materiellen Zielen nicht, dass diese lediglich ein Teil des großen „Glückskuchen“ sind. Werfen wir einen Blick auf die Forschung.

Beispiel aus der Forschung

Die **Glücksforschung** (Layard 2009) hat sechs zentrale Glücksfaktoren identifiziert:

- familiäres und soziales Umfeld (teils auch als einzelne Faktoren aufgeführt)
- befriedigende Arbeit (auch Studium)
- Gesundheit
- persönliche Freiheit
- Lebensphilosophie (Religion) und
- finanzielle Lage (Einkommen).

Die materielle Lage und ein befriedigendes Studium wurden ja bereits oben angesprochen. Vor allem zwischenmenschliche Beziehungen zu Familienmitgliedern oder zu Studienkollegen sind sehr wertvoll für unser Glücksempfinden. Die Kontakte geben uns Austausch, Abwechslung und Lebensfreude. Dem Entwurf einer Lebensaussage, die sich neben persönlichen Wünschen auch am Gemeinwohl orientiert, wird ebenfalls eine starke Wirkung auf das Glücksempfinden attestiert. Es bringt uns einfach Sinn in das Leben. Aus dem Grund können Sie sich gleich anschließend in Kapitel 2.2 an diese Aufgabe machen. Die Gesundheit (vgl. Kap. 6) rückt besonders in älteren Jahren oder bei eigenen nachhaltig erlebten Krankheitsfällen ins Zentrum. Die persönliche Freiheit ist wesentlich für unser Selbstwertgefühl. Jeder Mensch erfährt zwar immer einen Grad der Fremdbestimmung, die Einengung darf jedoch nicht als zu groß wahrgenommen werden.

Abb. 5: Glücksfaktoren während der Studienzeit

Die eigene Lebensperspektive finden

In einer Lebensphilosophie steht das Glück in der Regel an oberster Stelle. Es ist aber ein grobes, wenig exakt umschriebenes Element. Auch sagt es wenig über die Lebensaussage allgemein aus. Es sind also Vorstellungen und Wünsche zu benennen, die man erreichen will. Um diese zu identifizieren, gilt es, sein Leben, seine Wünsche und das, was dahinter steckt, genau zu analysieren. Nur wer ein Verständnis für seine eigene Persönlichkeit gewinnt, d.h. sich selbst und seine Werte erkennt, kann ein Persönlichkeitsmanagement entwickeln, indem er Ziele definiert, die ihn wirklich motivieren. Aus der Analyse seiner Werte erfolgt eine Vergabe von Lebensprioritäten.

2.2 Lebensaussage ableiten

Die Bezugspunkte finden

Jeder Mensch hat im Leben seine eigene spezifische Lebensaufgabe oder Berufung, auch wenn er sich dieser nicht zu jedem Zeitpunkt 100-prozentig bewusst ist. Die Grundidee wäre, schon am Anfang des Handelns das Ende im Sinn zu haben, indem Sie eine Aussage über das persönliche Leben oder eine eigene Philosophie schaffen. Diese Aussage legt fest, was Sie sein wollen und auf welchen Prinzipien Ihr Handeln beruht. Entwerfen Sie Ihre Lebensaussage spätestens anfangs Ihres Studiums, wenn Sie bis dahin noch nicht existiert. Am besten können Sie die Aussage formulieren, wenn Sie aus einer imaginären späteren Lebensposition einen Blick zurückwerfen würden. Im Extremen wäre das Ende Ihres Lebens der Ausgangspunkt für den Entwurf der Aussage. Wem dies zu weit geht und Sie keinen Bezug zu dieser Situation finden oder sich unwohl fühlen, dann wählen Sie z.B. Ihre Studienabschlussfeier als Bezugspunkt oder schreiben Sie einen Lebenslauf zu einem fiktiven Zeitpunkt, der in der Ferne liegt. Wenn Sie eine dieser Situationen durchgehen, schaffen Sie eine gute Grundlage, um einen

Schritt weiterzugehen und eine fixierte Vision und Mission abzuleiten. Wählen Sie einen der drei folgenden Bezugspunkte aus:

Bezugspunkt 1: Die Beerdigung

Es ist ganz einfach, klingt aber gleichzeitig etwas makaber: Stellen Sie sich Ihre eigene Beerdigung vor, die Sie beobachten können. Dabei sollen ein Studien-, ein Arbeitskollege, ein Vorgesetzter und Ihr Partner etwas über Ihr Leben aussagen. Welche Persönlichkeit und Eigenschaften sollen die Redner und Rednerinnen charakterisieren? An welche zentralen Leistungen soll in den Reden erinnert werden? Arbeiten Sie Ihre Lebensaussage aus den gewünschten Formulierungen heraus. Was soll Sie am Ende Ihres Lebens im Kern ausgemacht haben?

Bezugspunkt 2: Die Abschlussfeier

Denken Sie an Ihre potenzielle Studienabschlussfeier. An diesem Abend sollen Dozierende, Mitstudierende, Ihre Eltern und Ihr/e Lebenspartner/in kurz das Wort ergreifen. Die Fragen werden ganz ähnlich wie im obigen Fall der Beerdigung sein: Über welche Erlebnisse werden sie berichten? Was werden die Anwesenden über Ihre Fähigkeiten und Ihren potenziellen Arbeitgeber sagen? Worauf werden Ihre Eltern besonders stolz sein? Über welche lustigen Ereignisse soll berichtet werden? Wie schätzen Sie sich an diesem Tag ein, worauf wollen Sie gerne zurückblicken? Was wollen Sie bis dahin unbedingt im Studium erlebt haben?

Bezugspunkt 3: Lebenslauf im Jahr 20XX

Sie wählen ein Jahr, das weit in der Zukunft liegt, und schreiben auf, was Sie in dieser Zeit erreicht haben wollen. Problematisch ist bei dieser Betrachtung, dass Sie sich etwas zu sehr auf die Karriere orientieren und das Soziale etwas aus dem Auge verlieren könnten. Beachten Sie, dass Sie nicht den ganzen Lebenslauf füllen müssen, sondern auch einzelne Fragen ausschließen können. Füllen Sie die Tabelle 2 nach Ihren Wünschen aus.

Lebenslauf im Jahr 20XX
Wohnort, Familienstand, Kinder ▪ Wo wollen Sie einmal leben? ▪ Wollen Sie dort in einer Partnerschaft leben? ▪ Wie viele Kinder wünschen Sie sich?
Studium ▪ Was wollen Sie studiert haben? ▪ Ist ein Auslandsstudium vorhanden? Wo? ▪ Welche Studienschwerpunkte waren vorhanden? ▪ In welchem Zeitraum lag das Studium?
Berufliche Daten ▪ Welche Arbeitgeber stehen dort? ▪ Wie lange war man bei einzelnen Arbeitgebern beschäftigt?
Zusatzqualifikationen ▪ Welche Sprachen sprechen Sie? Und wie gut? ▪ Welche Ausbildungen haben Sie gemacht? ▪ Welche Weiterbildungen haben Sie neben dem Studium erlangt?
Engagement und Hobbys ▪ Welche Vereinsmitgliedschaften bestehen? ▪ Was sind Ihre zentralen Freizeitaktivitäten? ▪ Führen Sie ein Ehrenamt aus?

Tab. 2: Fiktiver Lebenslauf im Jahr 20XX

2.3 Persönliche Vision formulieren

Die Visionen weisen den Weg

Eine **Vision** bildet die stabile Basis für Ihr Studienleben und steht in enger Verbindung zu Ihrer Lebensaussage (vgl. Kap. 2.2). Sie ist eine schriftlich fixierte intensive Vorstellung davon, wie es am Ziel sein soll – zur Zeit der Formulierung also ein Traum. Damit liefert die Vision Orientierung, Kraft, Energie, Freude im Studium und ist ein roter Faden, an dem man sich orientieren kann. Sie wird zum Wegweiser in bewegten Studienzeiten und bei der Ausarbeitung von Studienzielen. Die persönliche Vision ist absolut individuell und begleitet Sie Ihr ganzes Studium und überdauert auch die Zeit danach. Sie ist der große Überbau und damit auch von Bedeutung für unser Gehirn, das nach Vernetzung und Struktur sucht (vgl. Kap. 4.1). Um die Vision kann gut ein Strukturnetz gesponnen werden. Im Gegensatz zur Lebensaussage ist die Vision weniger weitreichend und umfasst meist einen Zeitraum von höchstens zehn Jahren. Aus diesem Grund ist eine Lebensaussage eine gute Basis für die weniger weitgehende Formulierung einer Vision.

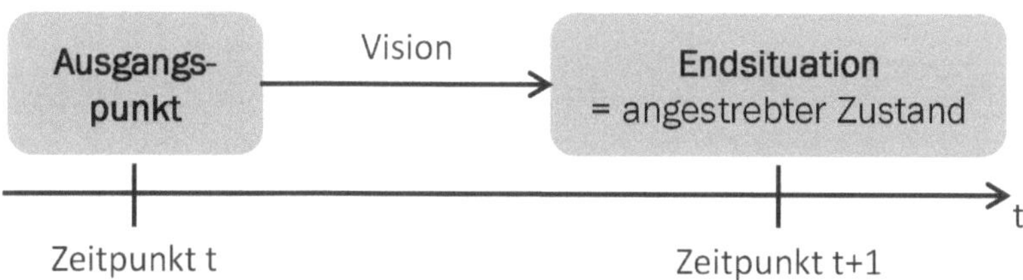

Abb. 6: Formulierung einer Vision

Studienbeispiel

Ich möchte als Lehrperson in einer Berufsschule Jugendliche auf ihrem weiteren beruflichen und privaten Lebensweg unterstützen, indem ich ihnen Wissen und gesellschaftliche Werte vermittle. Durch diese Tätigkeit leiste ich einen Beitrag für das Fortkommen der Gesellschaft.

Was hält von der Formulierung einer Vision ab?

Gerne wird das Zeitargument als beliebter Entschuldigungsgrund vorgeschoben: „*So viel Nachdenken kostet doch Unmengen meiner wichtigen Zeit.*" Oder man hält den Ansatz von vornherein für Unfug, der so oder so nicht oder nur sehr schwer erreichbar ist. Durch solch eine Verhaltensweise ist man primär reaktiv und verkennt die Kraft, die eine Vision vermittelt. Ein gerne aufkommendes Problem ist auch, dass man nach einiger Zeit erkennt, dass die Vision sehr „*weit weg ist*" und nicht erreichbar erscheint. In diesem Fall ist die Lösung einfach: Wenn Sie eine sehr ambitionierte Vision formuliert haben, betrachten Sie diese einfach als Stern. Man kann diesen wohl nicht erreichen, aber man kann sich an ihm gut orientieren. Notfalls können Sie selbstverständlich auch Ihre Vision umformulieren. Machen Sie sich immer deutlich: Eine Vision ist als Vorgabe für Ihre Studienmission und Ihre Studienziele wichtig.

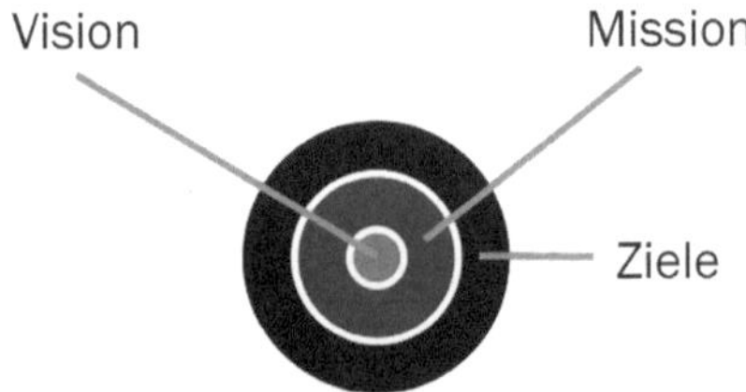

Abb. 7: Die Vision steht im Zentrum

2.4 Persönliche Mission fixieren

2.4.1 Inhalt der Mission

Eine Mission dient der Veranschaulichung

Eine **Mission** beleuchtet den Studien- und Lebenszweck, d.h. die aktuelle und zukünftige Fokussierung, das Selbstverständnis, Stärken und Schwächen. Darüber haben Sie sich teils bereits bei der Formulierung Ihrer Lebensaussage Gedanken gemacht. Beantworten Sie nun in der schriftlich fixierten Mission folgende Fragen:

- Was könnte ich tun? (Umwelt)
- Was kann ich tun? (Know-how)
- Was will ich tun? (Motivation)
- Welche Anspruchsgruppe erwartet, dass ich es tue?

Das tiefere Ich erkennen

Aus der Verbindung von Vision und Mission ergibt sich eine Handlungsrichtung für die weitere Studienplanung und eine Leitlinie für die Studienorganisation. Die Vorgaben konkretisieren sich in den Zielen (vgl. Kap. 2.5). Um Klarheit für eine Formulierung einer Mission zu gewinnen, ist es ratsam, sich seiner Selbst bewusst zu werden. Es sollte noch ein Blick über Ihre eher allgemein gehaltene Lebensaussage hinaus sein. Um diese Erkenntnis zu erlangen, sind eine SWOT-Analyse (vgl. Abb. 8) oder ein Fotoalbum der persönlichen Stärken und Schwächen als Instrument einsetzbar. Wenn Sie nach dieser Analyse einen Kontrast zwischen Ihrer Vision und Ihrer Mission erkennen, sollten Sie Ihre Vision u.U. nochmals durchdenken.

Abb. 8: Mit der SWOT-Analyse zur Mission

2.4.2 SWOT-Analyse

Was genau ist eine SWOT-Analyse?

Die **SWOT-Analyse** ist ursprünglich ein Management-Werkzeug, wird aber auch für formative Evaluationen und zur Qualitätsentwicklung von Programmen (z.B. im Bildungsbereich) und eben für die Selbstanalyse eingesetzt. Ausgangspunkt für eine persönliche SWOT-Analyse ist eine (selbst-)kritische Interpretation Ihrer jetzigen Situation unter Berücksichtigung der eigenen Fähigkeiten und der Umwelt. Mit dieser einfachen und flexiblen Methode werden die eigenen Stärken (engl. **S**trength) und Schwächen (engl. **W**eakness) analysiert. Es wird die Frage beantwortet: *„Welche Stärken und Schwächen bringe ich für die erfolgreiche Bewältigung meines Studiums ein?“* Zudem werden externe Chancen (engl. **O**pportunities) und Gefahren (engl. **T**hreats) betrachtet, welche den Studienerfolg fördern bzw. einschränken könnten. Die SWOT-Analyse ist damit eine **Standortanalyse**.

Leite Deine Stärken und Schwächen ab

Bei dem Notieren der Stärken sind Fertigkeiten im Sinne von Fach- und Methodenkenntnissen sowie Fähigkeiten und Eigenschaften im Sinne von persönlichen Charaktermerkmalen zu erfassen. Gleiches gilt für das Formulieren konkreter Schwächen. Bei den Chancen gilt es, sowohl auf fiktive berufliche als auch persönliche Entwicklungsmöglichkeiten einzugehen. Häufig leiten sich Chancen aus den Stärken und Risiken aus den Schwächen ab. Mit Hilfe dieser Methode kann die Selbstkenntnis wesentlich gesteigert werden. Selbstkenntnis wiederum ist eine essenzielle Voraussetzung für den Studienerfolg. Wer genau weiß, was er/sie mag und was er/sie gut kann, kann dieses Wissen auch glaubwürdig und authentisch anderen gegenüber kommunizieren. Nur wenn Sie Ihre Defizite erkennen, können Sie an diesen arbeiten und sie minimieren. Sie können Ihre Individualität entdecken und zeigen, was in Ihnen steckt. Gleichzeitig ist anzuraten, durch die Kenntnis der eigenen Schwächen mit sich selbst respektvoll umzugehen. Es nutzt nichts, sich selbst abzuwerten und als unqualifiziert zu empfinden. Stärken sollte man hingegen entsprechend würdigen und stolz darauf sein, denn diese kann man gut für das Studium nutzen.

Erfasse Umweltfaktoren

Eine SWOT-Analyse umfasst eine intensive Recherche, damit möglichst viele Daten über Chancen und Risiken in Erfahrung gebracht werden und so die spätere Entscheidungsfähigkeit positiv beeinflussen. Es kann sich etwa um Informationen über Ihre Traumhochschule oder Ihren Traumberuf handeln:

- Hochschule: Image, Studien- und Beratungsangebote
- Studiengang: Studien- und Prüfungsordnungen
- Erfahrungen von Absolventen Ihres gewünschten Studienganges
- Entwicklungen der Branche Ihres Traumberufes

- Studien mit Vorhersagen über Jobs der Zukunft
- Nachfragen bei einem Berufsberater
- Beratung eines qualifizierten Wissenschafts-Coachs

Stelle Fragen

Tabelle 3 illustriert einige Fragen, die Studierende sich bei der Konzeption einer SWOT-Analyse stellen können. Aus der Kombination der Stärken/Schwächen-Analyse und der Chancen/Gefahren-Analyse wird die Situation in ihrer Gesamtheit gut erfasst.

S	**Strengths** Stärken	- Welche fachlichen Kenntnisse habe ich bisher aus Schule, Studium und Beruf erworben? - Was kann ich besonders gut? - Warum sind andere gerne mit mir zusammen? - Wofür wurde ich bisher gelobt? - Was hat mich erfolgreich gemacht? - Was macht mich stolz auf meine Person? - Was gehe ich besonders gerne an? - Was macht mir wirklich Spaß? - Welche Werte können mich treiben?
W	**Weaknesses** Schwächen	- Wo fühle ich mich beim Erledigen von Aufgaben unsicher? - Was kann ich nicht so gut? - Welche Rückschläge habe ich gehabt? Warum? - Was mögen andere weniger an mir? - Was macht mir keinen Spaß? - Was stimmt mich unzufrieden?

O	**Opportunities** Chancen	■ Wer kann mich am besten bei meinem Studienweg unterstützen? ■ Wie sieht es mit den Arbeitsmöglichkeiten in meinem Berufsfeld aus? Welche Berufsfelder werden wachsen? ■ Welcher Studiengang respektive welche Fächerkombinationen werden gefragt sein? ■ Gibt es positive Trends, denen man sich anschließen könnte?
T	**Threats** Risiken	■ Welche gesellschaftlichen Entwicklungen könnten meinen Studienerfolg einschränken? ■ Welche negativen Veränderungen könnten sich in meinem Studium oder auf meinem angestrebten Berufsfeld ergeben? ■ Gibt es jemanden oder etwas, der/das meinem Studienerfolg besonders gefährlich werden könnte?

Tab. 3: SWOT-Analyse zum Studium

Dritte helfen bei der Einschätzung

Um das Analyseergebnis zu objektivieren, ist ein Selbstbild/Fremdbild-Abgleich ein gutes Hilfsmittel. Dabei setzen Sie sich mit einer weiteren, Ihnen vertrauten, aber auch kritischen Person zur gemeinsamen SWOT-Analyse zusammen. Der oder die Auserwählte führt eine ähnliche Analyse für Sie durch. Danach liegen zwei SWOT-Analysen vor – eine als Selbstbild, die andere als Fremdbild. Im Gegenzug könnten Sie Ihrem Ratgeber bei einer SWOT-Analyse zur Seite stehen. Anschließend können die ausformulierten SWOT-

Ergebnisse abgeglichen, diskutiert oder zusammengefasst werden. Vergleichen Sie nun Ihre Ergebnisse mit den im vergangenen Kapitel vorgestellten Fähigkeiten und Eigenschaften eines Studierenden sowie mit dem Anforderungsprofil Ihres Wunschstudienganges (die Informationen finden sich meist leicht auf einer Hochschul-Homepage).

> **Studi-Tipp: Anforderungsprofil von Studiengängen**
>
> Neben den Webseiten der jeweiligen Wunschhochschule finden sich auch Websites mit allgemeinen Informationen zu Studiengängen, wie z.B.:
>
> 🖱 https://www.studieren-studium.com/
>
> 🖱 https://studieren.de/
>
> 🖱 https://unicheck.unicum.de/studiengangssuche
>
> Zudem gibt es Websites, auf denen Studierende über Erfahrungen und Anforderungsprofile berichten. Die Berichte beziehen sich oft aber bereits konkret auf Studiengänge an bestimmten Hochschulen und die dortige Lehre. Beispiele sind:
>
> 🖱 https://www.fernstudium-infos.de/
>
> 🖱 https://www.studis-online.de/Studiengaenge/Erfahrungsberichte/

Die Handlungsschritte ableiten

Im letzten Schritt werden konkrete Handlungsansätze formuliert:

- Wie kann ich meine wesentlichsten Stärken für mein Studium noch verstärken?
- Wie kann ich meine wesentlichsten Schwächen für mein Studium vermeiden?
- Wie kann ich meine größten Chancen für mein Studium nutzen?
- Wie kann ich meinen bedrohlichsten Risiken für mein Studium begegnen?

Die Verbesserungsanalyse zu den Stärken und Schwächen lässt sich gut tabellarisch erfassen:

Stärke/ Schwäche	**früher**	**heute**	**Maßnahme**
mathematische Fähigkeiten	▪ tolle Ergebnisse in der Schule ▪ keine Schwächen während der gesamten Schulzeit	▪ erster Blick in die verlangten Fähigkeiten zu meinem Studiengang zeigt umfangreichen Mathebezug, der über mein aktuelles Wissen weit hinausgeht	▪ dranbleiben, weiter einüben und Veranstaltungen von Anfang an besuchen, evtl. Lerngruppe mit interessierten und guten Studierenden schnellstmöglich bilden
Englisch	▪ stets gute Noten gehabt ▪ war aber selten im Ausland ▪ leichte Schwächen in der verbalen Sprache	▪ Studium verlangt ausgezeichnete Sprachkenntnisse ▪ Gespräche fallen nicht leicht ▪ viele Fachbegriffe scheinen zu fehlen	▪ noch ein Auslandsaufenthalt vor Studienbeginn ▪ Besuch einer Sprachschule ▪ sich umschauen nach Ergänzungskursen im Studium

Tab. 4: Verbesserungsanalyse

Und damit ist auch schon der nächste wichtige Planungspunkt erreicht. Die angedachten Maßnahmen und Ergebnisse aus der SWOT-Analyse und Ihrer Mission müssen nun noch in eine klare Form gebracht werden: die Zielformulierung (vgl. Kap. 2.5).

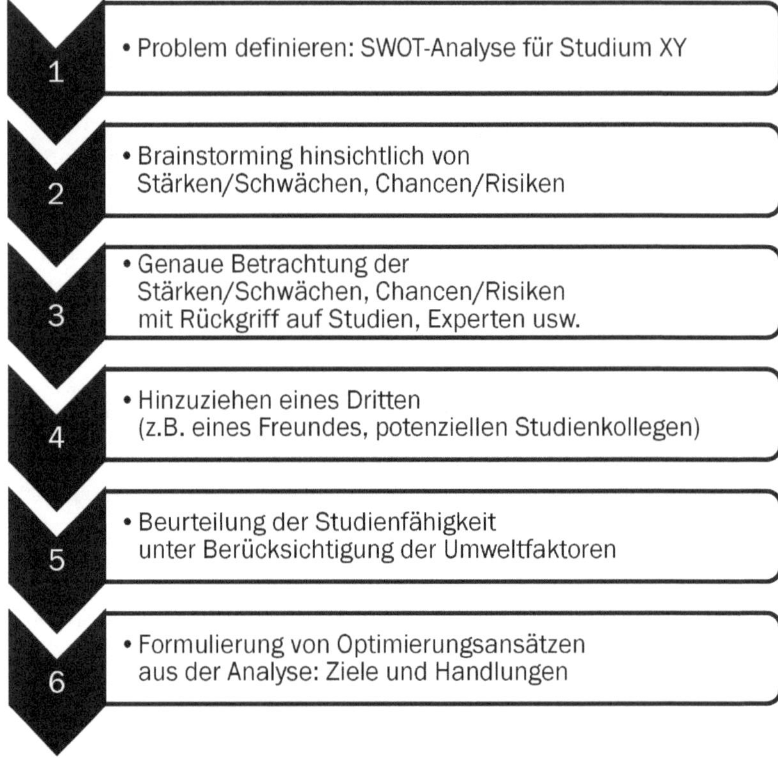

Abb. 9: Schritte einer persönlichen SWOT-Analyse

2.4.3 Fotoalbum der persönlichen Stärken und Schwächen

Mit Bildern arbeiten

Falls Ihnen die SWOT-Analyse zu abstrakt erscheint, kann ein imaginäres Fotoalbum der Stärken und Schwächen vielleicht Ihre Kreativität steigern. Diese Methode wird ursprünglich in der psychotherapeutischen Praxis eingesetzt und lässt sich perfekt zur Selbstanalyse verwenden. Durch die Kreation von Bildern erhalten Sie eine gewisse Selbstdistanz, die Ihnen eine Außensicht auf sich selbst ermöglicht.

So sieht die Anwendung konkret aus

In der Hochschulpraxis wende ich das Instrument gerne im Coachingprozess mit Studierenden in folgender Form an: Ihre Aufgabe ist es, in Ihrer Vergangenheit nach besonderen Beispielen oder Situationen zu suchen, die Sie als positive Ressource (Stärke) oder Schwäche erleben. Diese Momente sollen in einer konkreten Situation bildlich vorgestellt werden. Im Anschluss sollten Sie analysieren, wie das Bild im Nachhinein auf Sie und andere wirkt. Wenn Sie zeichnerisch begabt sind, können Sie sich auch gerne an die Zeichnung der Situationen machen.

Fragen stellen

Im nächsten Schritt sind Sie gefragt, konkrete Fragen an das Bild zu stellen, es damit zu interpretieren:

- Wie fühlen sich andere Personen, die mit Ihnen auf dem Bild zu sehen sind?
- In welchen Situationen kommen die Stärken und Schwächen allgemein zum Ausdruck?
- Wie würde ein Fremder die dargestellte Situation kennzeichnen?

Dritte einladen

Falls Sie die Bilder real gezeichnet haben, können Sie diese auch mit Dritten besprechen, um nicht nur eine von Ihnen konstruierte Außensicht zu erhalten, sondern auch reale Dritte zu hören. Dieses Vorgehen kann dann ähnlich wie bei der SWOT-Analyse angewandt werden.

2.5 Ziele planen

Der Sinn einer Zielsetzung

Zielformulierungen spielen für ein effizientes Studium eine besondere Rolle, denn Ziele zeigen auf, wohin Handlungen führen, und bilden somit einen besonderen Impuls für alle späteren Tätigkeiten. Ziele werde auf diese Weise zu wegweisenden Motivatoren: Je größer und wichtiger ein persönlich formuliertes Ziel ist, desto mehr Energie wird für dessen Umsetzung eingesetzt. Gute Ziele sind attraktiv und wünschenswert und motivieren zu weiteren Erfolgen.

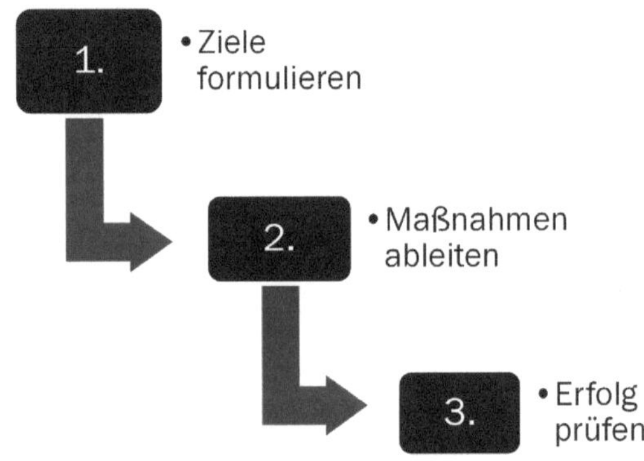

Abb. 10: Von Zielen zu Maßnahmen

Beispiel aus der Forschung

Spitzer (2006) führt aus, dass Lernende, die ein Instrument spielen, in der Schule oft bessere Leistungen erzielen. Die Lernenden haben schlicht erkannt, dass sich mit Mühe etwas erreichen lässt – ausgehend von der trivialen Zielformulierung, ein Instrument beherrschen zu wollen.

Maßnahmen und Methoden ableiten

Um Ihre formulierten Ziele zu erreichen, müssen Sie Maßnahmen und Methoden ableiten, die für die Zielerreichung förderlich sind. Wenn Sie z.B. als Ziel „Netzwerkaufbau mit den aktuellen Dozierenden bis Semesterende“ formuliert haben, müssen Sie systematische Maßnahmen zur nachhaltigen Gewinnung der Kontakte finden und dann den Erfolg der Maßnahmen periodisch prüfen.

2.5.1 Kriterien bei der Zielformulierung

Ohne klare Kriterien geht es nicht

Die Realisierung von Zielformulierungen scheitert immer wieder, weil die Ziele schlichtweg unzureichend formuliert sind. Auch wird oft vergessen, die Ziele schriftlich zu fixieren. Gerade dieser Schritt bringt mehr Disziplin in das Lernen. Was gilt es, genau niederzuschreiben? Hilfe bietet in diesem Fall die sogenannte **SMART-Regel**:

S	Ziele müssen **s**peziell und **s**impel sein. Beide Aspekte sollen Klarheit gewährleisten. Spezielle Ziele machen den Zielfokus klar, einfach zu verstehende Ziele ermöglichen eine gute Nachvollziehbarkeit.
M	Ziele müssen **m**essbar, d.h. überprüfbar sein. Einige Ziele lassen sich direkt quantitativ messen, wie z.B. „Anzahl der Seiten“ oder „geschriebene Wörter“. Für andere Ziele gilt ein „erledigt“ als Messkriterium, wie z.B. „Kapitel XY auf einer Seite vollständig zusammengefasst“.
A	Ziele sind **a**nspruchsvoll niederzuschreiben. Sind sie zu leicht zu erreichen, dann werden Ziele nicht zu Motivatoren. In einer Woche nur einen Aufsatz im Rahmen der wissenschaftlichen Recherche zu lesen oder nur eine Seite einer wissenschaftlichen Arbeit zu schreiben, wäre etwa wenig herausfordernd.

R	Ziele müssen **r**ealistisch sein. Auch wenn ein gewisser Anspruch wesentlich ist, müssen Ziele erreicht werden können und dürfen nicht überambitioniert sein.
T	Ziele müssen **t**erminiert sein, damit sie verbindlich sind und zeitliche Überschreitungen auch gemessen werden können, z.B. „die Mitschrift der Marketing-Vorlesung ist bis zum 30.6. komplett durchzuarbeiten.“

Tab. 5: SMART-Zielformulierung

Einige Ziele sind noch sehr fern

Um die Ziele im Sinne der SMART-Regel zu konkretisieren, gilt es, alle nötigen Informationen zu sammeln, damit das Ziel klar definiert und der Weg dahin erfassbar ist. Zu Studienbeginn ist das Kernziel sicher wenig eindeutig und zeitlich weit entfernt, z.B. *„Ich werde mein Bachelor-Studium in spätestens vier Jahren abschließen“*. Es handelt sich um ein **Fernziel**. Ein in der Ferne stehender Abschluss oder die Erwartung eines exorbitanten Einkommens im späteren Beruf sind allerdings nur ein Fundament, da die Zielerreichung schwer absehbar und der mutmaßliche Erfolg nicht direkt spürbar ist. Als leistungsverstärkend müssen daher Subziele aus dem Fernziel als **Nahziele** formuliert werden, die schneller erlebbar und prüfbar sind, z.B. *„ich möchte mich im sechsten BA-Semester auf ein MBA-Studium in den USA perfekt vorbereiten und absolviere den dafür erforderlichen GMAT (=Graduate Management Admission Test) bis zum 30.6. des Jahres erfolgreich.“* Fernziele können Sie an Ihre Zimmertüre, am Ende Ihres Timers oder in Ihrer App auf dem Handy erfassen. Nahziele würde ich in Schreibtischnähe aufhängen. Damit sind sie rein optisch schon näher als die Fernziele. Oder Sie lassen sich auf dem Handy benachrichtigen, wenn bestimmte Teilziele erreicht werden sollen.

Der Zeithorizont für Ziele

Ziele können für unterschiedliche Zeitperioden formuliert werden:

- Semesterziele (z.B. Bestehen von bestimmten Modulen im Semester X)
- Monatsziele (z.B. Fertigstellung einer Hausarbeit, fünf Bewerbungen für eine Praktikumsstelle bis Monatsende)
- Wochenziele (z.B. Erledigung der Recherche für eine wissenschaftliche Arbeit bis zum Wochenende)
- Tagesziele respektive Tagesaktivitäten (z.B. Anmeldung zu einer Prüfung bis 12.00 Uhr online erledigen, das Badezimmer bis 18.00 Uhr reinigen)

Ziele sind ein Vertrag mit sich selbst

Die Zielformulierungen stellen quasi einen Vertrag dar, den Sie mit sich selbst geschlossen haben und an dessen Einhaltung Sie sich immer mal wieder erinnern müssen. Durch die Terminierung der Ziele wird die Vertragslaufzeit fest fixiert – vom Tag der Formulierung respektive einem dort genannten Beginn (Startdatum) bis zur Zielerreichung (Enddatum).

Langfristige Ziele geraten leicht in Vergessenheit

Passen Sie bei Ihren Zielformulierungen auf, dass Sie Ihre langfristigen Ziele nicht immer wieder zugunsten kurzfristiger Ziele vernachlässigen; ein menschliches Phänomen, dem die Verhaltensökonomen den Namen **hyperbolic discounting** gaben (Harris & Laibson 2001). Der Wert des späteren Ziels wird schlicht nicht geschätzt und die Zielerreichung nicht mit aller Intensität verfolgt. Aus dem Grund vernachlässigt man höherwertige Ziele und erfüllt kurzfristige, auch wenn sie weniger Nutzen versprechen (z.B. „*Würdest Du lieber a) 10 Euro sofort oder b) 10 Euro am morgigen Tag und weitere 5 Euro übermorgen haben?*“). Oft wird die erste Alternative gewählt, auch wenn die zweite mehr Ausbeute verspricht.

2.5.2 Stakeholder als Orientierungspunkte

An andere bei der Zielplanung denken

Bei der Zielplanung sollten Sie nicht vergessen, dass es Personen gibt, zu denen Sie in einer mehr oder weniger ausgeprägten Beziehung stehen. Daraus erwachsen Ansprüche an die eigene Person, die einen Einfluss auf die Zielerreichung haben. Im betriebswirtschaftlichen Kontext spricht man in diesem Zusammenhang auch von **Stakeholdern** oder **Anspruchsgruppen**. Im engeren Umfeld sind das Eltern, der Lebenspartner oder gute Freunde. Im weiteren Feld finden sich Anspruchsgruppen von Dozierenden bis Mitarbeitern in der Hochschulbibliothek. Wenn die Ansprüche der Gruppen in die Zielplanung integriert werden, können etwaige Probleme bereits vorweggenommen und ein reibungsloser Studienverlauf anvisiert werden.

Die Stakeholder sortieren

Nicht jeder einzelne Stakeholder kann Ihre Zielerreichung in gleicher Form beeinflussen. Zudem stehen Sie in einem unterschiedlichen Beziehungs- und Austauschgrad. Diese Zusammenhänge lassen sich in einer Einfluss-Beziehungsgrad-Matrix erfassen. Auf den Achsen finden sich der Bindungsgrad sowie der Einfluss, den ein Stakeholder auf bestimmte Ziele haben wird. Die Matrix können Sie für Ihre Vision oder Mission, aber auch für einzelne Teilziele entwerfen. Abhängig vom formulierten Ziel wird jeweils eine andere Matrix entstehen.

Nicht jeder Stakeholder ist gleich zu behandeln

Einige Stakeholder können Sie bei der Erreichung Ihrer strategischen Ziele durch ihren Einfluss (Macht) stark voranbringen, andere weniger. Wenn Sie sich z.B. als Ziel nach dem Studium einen Arbeitsplatz im Marketing bei BMW setzen, wird der Marketing-Abteilungsleiter einen wesentlichen Einfluss auf die Zielerreichung haben. Eventuell haben

Sie ihn ja schon im Rahmen eines Praktikums kennengelernt. Zu ihm werden Sie allerdings eine weniger starke Bindung haben. Daher sollten Sie von Zeit zu Zeit auf sich aufmerksam machen, um im Sinne eines guten Selbstmarketings (vgl. Kap. 7) in Erinnerung zu bleiben. Die Stakeholder mit geringem Bindungsgrad, die aber einen großen Einfluss auf wichtige Ziele oder Ihre Vision haben, müssen Sie nicht permanent genau im Blick behalten, sondern hin und wieder ihre Aufmerksamkeit erregen. Dies kann ein Gratulieren zum Geburtstag sein. Um dies zu gewährleisten, sollten Sie selbstverständlich grundlegende Informationen erfassen, z.B. Geburtstag, Hobbys oder die familiäre Situation.

Studi-Tipp: Wichtige Kontakte richtig kennen

Eine einflussreiche Person wird sich beim nächsten Gespräch mit Ihnen über die Details freuen, wenn Sie fragen, ob er sein Golf-Handicap nun von sechs auf fünf verbessert hat oder ob seine Tochter während ihres Auslandsjahres in Australien ihr „bereits so gutes Englisch" noch weiter perfektioniert hat.

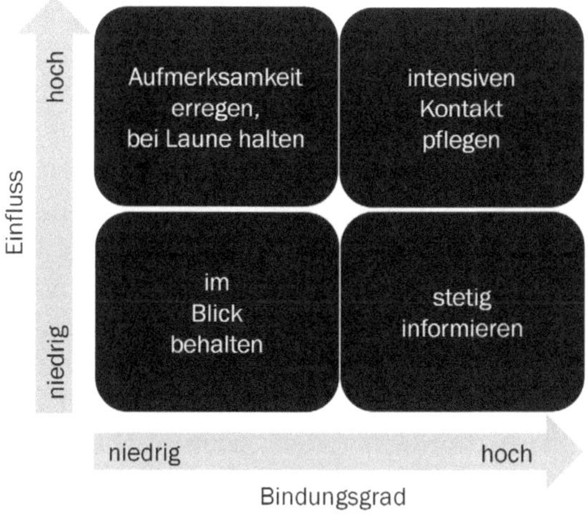

Abb. 11: Mapping der Stakeholder

Hoher Bindungsgrad bedeutet informieren

Logischerweise pflegt man einen intensiven Kontakt zu Personen, die viel Einfluss auf die Zielerreichung und einen hohen Bindungsgrad haben, z.B. die Eltern, die einen materiell und emotional unterstützen. Zu Ihrem Lebenspartner werden Sie in der Regel ebenso einen hohen Bindungsgrad besitzen, Sie stehen in regelmäßigem Kontakt. Die Großeltern werden hingegen eher keinen ähnlich großen direkten Einfluss auf die Erreichung der Studienziele haben, aber dennoch ein großes Interesse an Ihrem Studium haben. Sie sollten deshalb hinsichtlich Ihres Studienfortschrittes durch stetiges Informieren auf dem laufenden Stand gehalten werden.

2.5.3 Ziele überprüfen

Die Kontrolle hilft weiter

Um den Grad der Zielerreichung zu kontrollieren, müssen die verfolgten Ziele mit dem Erreichten verglichen werden. Ist dies der Fall, verbessert sich die Motivation, Fortschritte werden sichtbar und das Zutrauen in die eigenen Fähigkeiten steigt. Hat man sein Ziel nicht erreicht, müssen die Ansprüche überprüft werden und man kann sich neue, vielleicht realistischere Ziele setzen. Zu diesem Zweck kann etwa ein **Zielclub** gegründet werden. Im Rahmen des Zielclubs treffen Sie sich dann z.B. monatlich mit vier oder fünf guten Studienkollegen, um über das Erreichen Ihrer Studienziele und Ihre Probleme zu diskutieren. Von neutraler Seite können Sie wertvolle Tipps aus deren Erfahrung erhalten, gleichzeitig lernen Sie aus den Schilderungen der anderen Vortragenden zu ähnlichen Problemlagen. Zielführend ist, den Zielclub in einem festen zeitlichen Rhythmus abzuhalten (z.B. erster Montagabend im Monat um 20.00 Uhr), denn ansonsten gibt es immer wieder terminliche Koordinationsschwierigkeiten. Nach der intensiven Diskussion kann man noch gemeinsam ein gutes Essen zu sich nehmen und/oder ein Bier trinken. Als positiver Nebeneffekt bildet sich ein festes soziales Netzwerk.

Die Erfolge anerkennen

Würdigen Sie Ihre erreichten Ziele und damit Ihre Lernerfolge, indem Sie gute Prüfungsresultate auf Ihre eigenen Anstrengungen zurückführen. Machen Sie sich also die Erreichung des gesteckten Ziels bewusst. Es bringt nichts, das Ergebnis auf den Zufall zurückzuführen („*Da habe ich ja mal Glück gehabt.*").

Aus der Zielerreichung den eigenen Erfolgskurs bestimmen

Um in der Anerkennung Ihrer Erfolge noch einen Schritt weiter zu gehen: Bestimmen Sie Ihren eigenen Studien-Aktienkurs. Auf der Vertikalen zeichnen Sie, inwieweit Sie Ihre Ziele prozentual erreicht haben. Dabei können Sie bei Bedarf eine allgemeine Wertigkeit von Zielen einrechnen. Auf der Horizontalen können Sie die Zeit (z.B. Semester) abtragen. Zu mathematisch soll das Ganze freilich nicht werden, der Erreichungsgrad ist oft nur über den Daumen gepeilt. Die Kursberechnung können Sie selbstverständlich um einige weitere Komponenten erweitern, z.B. um die persönliche Befindlichkeit. Entwerfen Sie Ihre ganz individuelle Formel. Abbildung 12 stellt beispielsweise den kumulierten Zielerreichungsgrad im Studienverlauf dar. Ein Abflachen der Steigung könnte daher bedeuten, dass es in einem Semester schlecht lief.

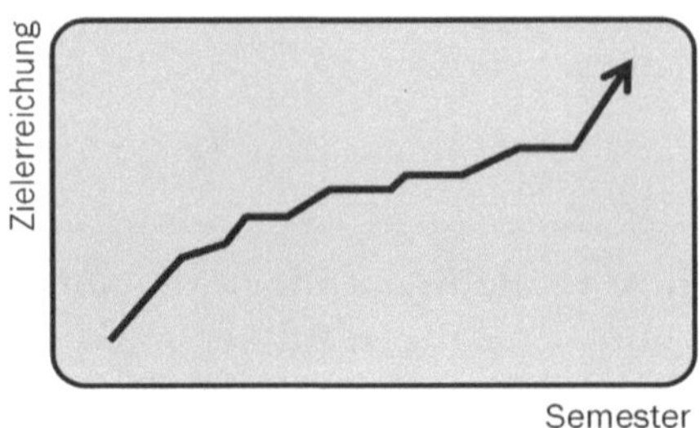

Abb. 12: Eigener Aktienkurs

2.6 Das Studium finanzieren

Das liebe Geld

Zur Selbsterkenntnis gehört, dass es Geld zum Leben braucht. In der Schulzeit war zwar auch die Finanzierung immer ein Thema, doch ein Studium geht nun so richtig ins Geld: Eigene Wohnung, Studienbeiträge, allgemeine Lebenshaltungskosten (z.B. Essen und Dienstleistungen) und so weiter. In Städten wie Hamburg, Köln oder München können sich die Kosten schnell mal auf 1500 Euro pro Monat summieren, je nach Lebensstil.

Wo kommt das Geld her?

Ihre Hauptsponsoren werden sicher die Eltern bleiben. Fast 90 % der Studierenden erhalten mehr oder weniger hohe Zahlungen der Eltern. Auf eigenen Beinen stehen heißt aber auch, sich selbst zu finanzieren. Je nach Umfrage haben bis zu 60 % der Studierenden einen Nebenjob. Interessante Erkenntnisse zu den Arbeitsgebieten lieferte eine repräsentative Umfrage des Meinungsforschungsinstituts Forsa (2020) im Auftrag der Minijob-Zentrale. Nahezu ein Drittel der Studierenden mit Nebentätigkeit arbeitet der Umfrage zufolge als wissenschaftliche Hilfskraft oder als Doktorand an ihrer Hochschule. Mehr als ein Viertel geht einer Bürotätigkeit nach, 13 % geben Nachhilfeunterricht, 12 % jobben im Einzelhandel und 11 % in der Gastronomie.

Was bringt ein Nebenjob?

Der Forsa-Studie (2020) zufolge steht bei der Auswahl eines studentischen Nebenjobs noch nicht mal das reine Geld im Zentrum bei der Jobwahl. Wichtigere Kriterien der Studentinnen und Studenten sind ein vertrauensvolles Verhältnis zum Arbeitgeber, große zeitliche Flexibilität, Anerkennung im Job und abwechslungsreiche Aufgabengebiete. Sie gelten als so genannter Werksstudent, wenn Sie eine Beschäftigung an nicht mehr als 20 Stunden wöchentlich mit einem regelmäßigen monatlichen Verdienst von mehr als 450 Euro und länger als drei Monate bzw. 70 Kalendertage pro Kalenderjahr ausüben.

> **Studi-Tipp: Mini-Job-Basiswissen für Studierende**
> Informationen zu Mini-Jobs finden Sie auf der Website der Minijob-Zentrale. Das ist die zentrale Einzugs- und Meldestelle für alle geringfügigen Beschäftigungen in Deutschland. Sie vermittelt auf ihrem Stellenportal Studierenden auch Mini-Jobs in Privathaushalten.
> www.minijob-zentrale.de/DE/01_minijobs/01_basiswissen/02_infos_kompakt_zu/03_studenten/node.html

Gibt es sonst noch Geldquellen?

Mehr als jeder zehnte Studierende erhält Förderungen gemäß BAföG. Ebenso viele erhalten Finanzmittel aus Stipendien, Bildungsfonds oder Bildungskrediten. Das BAföG orientiert sich am Grundgedanken der Chancengleichheit, d.h. es soll diejenigen unterstützen, die sich aus finanzieller Sicht ein Studium nicht leisten können. Die Höhe des BAföG-Satzes orientiert sich dann am Einkommen der Eltern und ist daher bei vielen Studierenden Null. BAföG gibt es nicht automatisch, hierfür ist ein Antrag auszufüllen. Da Daten der Eltern aus der Steuererklärung nötig sind, ist es sinnvoll, den Antrag gleich mit ihnen gemeinsam auszufüllen. Der Erhalt von BAföG ist an bestimmte Voraussetzungen gebunden. In der Regel verlieren Studierende ihren Anspruch auf Ausbildungsförderung, wenn sich ihre Studienzeit verlängert, sie den Studiengang wechseln oder das Studium abbrechen, um zum Beispiel eine Ausbildung zu beginnen.

Studi-Tipp: BAföG-Rechner

Unter der Webseite »mein Bafög« finden Sie einen Bafög-Rechner. Es lohnt sich, zur Orientierung Ihre Daten hier einzugeben.

www.meinbafoeg.de/bafoeg-rechner/

Was ist ein Bildungskredit?

Positiv ist, dass Bildungskredite nicht wie das BAföG abhängig von eigenen Einkünften und Vermögen sowie unabhängig vom Einkommen der Eltern sind. Die Beantragung des Bildungskredits erfolgt über das Bundesverwaltungsamt (BVA). Bedingungen für die Antragsgewährung sind unter anderem, dass sich der Antragsteller in der Schlussphase der Ausbildung, zum Beispiel Master-Studium befindet. Den Kredit müssen Sie samt Zinsen gestaffelt zurückzahlen. Einige Banken bieten auch noch selbständig Studienkredite an.

Komme ich auch an ein Stipendium?

Mehr als 20.000 Studierende erhalten in Deutschland Stipendien. Oft verfällt man in den Gedanken, dass diese ihr Stipendium nur mit einer überdurchschnittlich guten schulischen oder akademischen Leistung erlangt haben. Das ist zwar oft, aber nicht in jedem Fall richtig. In Deutschland gibt es mehr als 2200 verschiedene Stipendiengeber, die eigene Kriterien und Voraussetzungen für die Vergabe eines Stipendiums haben. Unter den Kriterien kann beispielsweise auch das politische oder kulturelle Engagement, die Konfession oder der Bildungshintergrund sein.

Studi-Tipp: Stipendium-Geber

Verschaffen Sie sich einen Überblick über die Stipendienlandschaft in Deutschland. Mit dem Stipendienlotsen bietet das Bundesministerium für Bildung und Forschung (BMBF) eine interaktive Plattform, um das für Sie geeignete Stipendium anhand Ihrer Wunschkriterien zu finden. Die umfassende Stipendiendatenbank lässt sich nach vielen verschiedenen Kriterien wie z.B. Ausbildungsphasen, Studienfächern oder Zielregionen filtern. Der Stipendienlotse ist die zentrale Anlaufstelle für bundesweite und internationale Stipendien im privaten und öffentlichen Bereich.

www.stipendienlotse.de

3 Mit der Zeit und ihrem Management klar-kommen

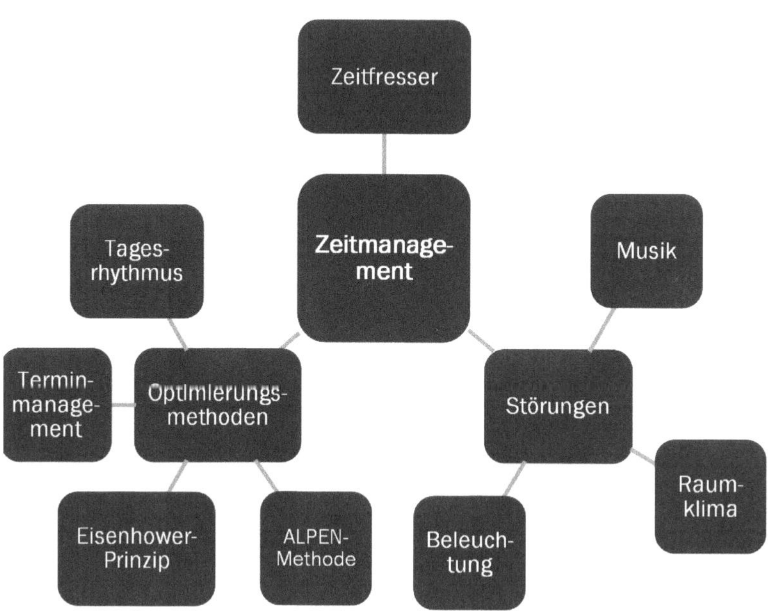

Zentrale Ziele dieses Kapitels

- Zeitfresser identifizieren und beseitigen
- Den Einsatz der Alpen-Methode für ein geschicktes Zeitmanagement entdecken
- Mit dem Eisenhower-Prinzip einzelnen Aufgaben ihre Prioritäten zuweisen
- Erkunden, wie Störungen im Lernprozess zu minimieren sind

3.1 Informationen zum Zeitmanagement

Die Zeit: das ewige Problem

Ein Studium setzt Studierende immer wieder vor Probleme mit dem Management ihrer Zeit: Einige versuchen, schlicht alles zu lernen und widmen sich zentralen Themen nicht lange und vor allem nicht intensiv genug. Daraus resultieren schlechte Prüfungsergebnisse. Anderen hingegen bereitet es bereits große Probleme, mit einer Arbeit oder Prüfungsvorbereitung zu starten. Sie lassen sich schnell ablenken oder sie verschwenden ihre Zeit mit irrelevanten Arbeiten. In beiden Fällen kann ein professionelles Zeitmanagement ein wertvoller Beitrag zur Bewältigung dieser Problemlagen und damit eines erfolgreichen Studiums sein. Durch bewusste Zeitplanung lässt sich Druck vermeiden und die Freizeit besser genießen.

Was genau ist Zeitmanagement?

Zeitmanagement beschreibt Vorgehensweisen, die sich mit der Einhaltung von anstehenden Aufgaben und Terminen innerhalb eines vorgegebenen Zeitraums beschäftigen. Gerade wenn eine Reihe von Aktivitäten synchron zu planen ist, ist durch einen gezielten Methodeneinsatz ein effizientes Management dieser Aufgaben durchführbar. Studierende, die es schaffen, mit ihrer Zeit „gut umzugehen“, setzen schnell eine Kette von positiven Entwicklungen in Gang: Je effizienter Studierende arbeiten, desto mehr Zeit wird ihnen zur freien Verfügung stehen. Resultierend daraus: Je mehr Zeit zur freien Verfügung steht, desto entspannter wird die Herangehensweise an nachfolgende Aufgaben. Schlechtes Zeitmanagement hingegen kann Zeitdruck und Angst erzeugen.

Plane Deinen Tag

Es gibt eine Konstante: Ein Tag hat nur 24 Stunden. Ein wichtiger Kalkulationsfaktor im Tagesablauf ist normalerweise das gute Einplanen der Erwerbstätigkeit neben dem Studium. Schließen wir diese jedoch zur Vereinfachung der Rechnung aus. Von einem Tag können abzüglich von sechs bis sieben Stunden Schlaf und drei Stunden Ruhepausen maximal 14 bis 15 Stunden für Arbeit, Studium, Sport usw. genutzt werden. Zeitmanagement ist die Optimierung des individuellen Umgangs mit dieser Konstante und damit zusätzlich ein „Selbstmanagement".

Studienbeispiel zur Tages-Zeitrechnung im Semester:

	1 Tag = 24 Stunden
Grundbedürfnisse	
Schlaf	7
Erholungspausen	3
Essen, Körperpflege	2
Sport, Soziales	1
Lernen	
Vorbereitung, Reflexion, Ziele setzen	1
Lernzeit	10

Tab. 6: Lernzeit im Tagesablauf

Bei der Beispielrechnung ist ja noch kein Job, der zusätzliche Zeit in Anspruch nimmt, eingerechnet. Das Zeitkontingent von sechs Stunden für Erholungspausen, Essen, Körperpflege, Sport und Soziales ist auch nicht unbedingt großzügig angesetzt. Ein bis zwei Stunden könnten Sie in intensiven Lernphasen vor Prüfungen u.U. wegstreichen, so dass vier Stunden anzurechnen sind. Verzichten Sie auf keinen Fall auf weitere Stunden zugunsten des Lernens, da schnell die Gefahr des Ausbrennens bestehen kann. Schauen Sie sich noch einmal in Kap. 2.1 die Faktoren an, die Menschen glücklich machen. Und dazu gehören vor allem auch soziale Belange und Gesundheit. Kontakte zu Freunden und Familie und Sport sollten also nicht vernachlässigt werden, sonst werden Sie langfristig nicht glücklich. Selbstverständlich sind abhängig von einzelnen Studienphasen (Prüfungen, Abschlussarbeit) die Prioritäten etwas verschoben, aber selbst in diesen Phasen sollte man dem Studium nicht sein ganzes Leben unterordnen. Letztlich lebt man immer im Augenblick und nicht in der Vergangenheit oder Zukunft und das Glück empfindet man immer just in diesem Moment. Über die Zukunft gibt es bei allen ausgeklügelten Zeitplänen und perfekten Zielformulierungen nie absolute Gewissheit. Das Leben ist da, um gelebt zu werden.

3.2 Mit Zeitfressern umgehen

Die Zeitfresser erkennen

Zeitfresser, d.h. schlechte Eigenarten oder nutzlose Tätigkeiten, die Studierende vom Lernen abhalten, müssen erst eindeutig identifiziert werden, um sie zu eliminieren. Machen Sie sich vorab klar, dass Sie für die meisten **Zeitvergehen** selbst verantwortlich sind.

Die Selbstanalyse ist gefragt

Bei der notwendigen Selbstanalyse kann ein Durchgehen und Beantworten der Fragen in Tabelle 7 helfen. Falls anfangs mehr als drei **Zeitfresser** auf Ihrer Liste stehen, sollten Sie lediglich für drei besonders relevante Hemmfaktoren Verhaltensänderungen, Zeitvorgaben, Ziele sowie Verbesserungen formulieren. Nach dieser Fixierung können die Mängel im nächsten Schritt angegangen werden. In diesem Zusammenhang kann z.B. eine **Sündenliste** entworfen werden, die Sie gut sichtbar aufhängen. Nachdem Sie Ihre „Sünden“ vermindert oder bestenfalls beseitigt haben, können Sie die Liste mit einem guten Gefühl wieder abhängen und sich anderen Ablenkungsfaktoren widmen.

Womit vertrödele ich gerne meine Zeit beim Lernen?

....

....

....

Welche drei Faktoren sind dabei für mich sehr relevant?

....

....

....

Wie kann ich jeweils mein Verhalten ändern?

....

....

....

Wann kann ich jeweils mit den Änderungen beginnen?

....

....

....

Wie könnte ich mein Ziel zu den avisierten Änderungen formulieren?

....

....

....

Wie konnte ich das Ziel umsetzen?
(Beantwortung drei Wochen nach der Zielformulierung)

....

....

....

Was habe ich daraus für folgende Arbeiten gelernt?

....

....

....

Tab. 7: Liste zur Identifikation und Beseitigung von Zeitfressern

Studi-Tipp: Unterbrechungen vermeiden

Gerade beim Lernen wird gerne gesurft oder allgemein geschaut, welche News es über Freunde gibt oder wie die Aktienkurse und Wetterprognosen stehen. Hierbei handelt es sich, wenn man es nicht gerade in einer Pause macht, um eine Einschränkung des Lernens, denn durch die Ablenkung verlieren Sie effektive Lernzeit. Ein Ziel wäre es, diese Unterbrechung zu vermeiden. Ein Lösungsansatz dazu wäre, das Internet nur für studienrelevante Recherchearbeiten in den fixierten Lernzeiten zu nutzen und ansonsten darauf zu verzichten.

3.3 Störungen minimieren

Störungen rauben die Konzentration

Ohne einen hohen Konzentrationsgrad ist es in der Regel schwierig, anspruchsvoll zu lernen. Das Lesen und Verarbeiten von Fachliteratur braucht z.B. besondere Aufmerksamkeit. Störungen sollten dabei strikt vermieden werden, denn diese schränken die Konzentration ein. Infolgedessen kann das Lernen nicht planvoll und konzentriert vollzogen werden. Zeitnöte sind ein unliebsames Resultat. Zudem können Unlustgefühle oder psychosomatische Nebenerscheinungen weitere Folgeerscheinungen permanenter Störungen sein. Folgende Grundlagen sollten Sie beim Management von Störungen bedenken:

- Das Schreiben von E-Mails, Treffen mit Freunden, Telefongespräche sollten in einem fixen Zeitfenster angegangen werden, um die Arbeitsphasen nicht zu unterbrechen.
- Lärmquellen sollten minimiert werden. Störende Kommilitonen können z.B. beim Lesen in der Bibliothek auch einmal „zur Ruhe“ gebeten werden. Wenn Sie extrem empfindlich sind und es trotzdem zu laut erscheint, müssen Sie sich mit Ohrenstöpseln (z.B. Ohropax) behelfen.
- Bücher und Material sollten für einen geplanten Zeitrahmen der Lernphase vorab bereitgelegt werden, damit die Suche den Arbeitsprozess nicht immer wieder unterbricht.
- Pausen sollten unbedingt gemacht werden, aber im geplanten zeitlichen Rahmen (vgl. Kap. 6.4.1)

Beispiel aus der Forschung

Gloria Mark, Victor M. Gonzalez & Justin Harris (2005) untersuchten die Auswirkungen von Störungen im Arbeitsprozess, indem sie mit Hilfe einer Stoppuhr die Arbeitsabläufe von 24 Mitarbeitern (sieben Manager, acht Programmierer und neun Analysten) über mehrere Tage hinweg auswerteten. Im Schnitt konnte nur 11 Minuten am Stück an einer Aufgabe gearbeitet werden, bevor eine Unterbrechung durch Mails, Anrufe, Kollegen usw. erfolgte. Ein weiteres Beobachtungsergebnis war, dass sich ein Mitarbeiter nach einer Unterbrechung im Durchschnitt mindestens zwei anderen Aufgaben widmete, bevor er zur ursprünglichen Tätigkeit zurückkehrte. Die Ablenkung tat also ihre Wirkung. Bis der Angestellte wieder den ehemaligen Konzentrationsgrad erreichte, vergingen rund acht Minuten. Es blieben noch drei Minuten faktische Arbeitszeit bis zur nächsten Unterbrechung. Die ermittelten Zeiten folgten keinem zuverlässigen Rhythmus, sondern verliefen völlig beliebig.

Studi-Tipp: Anti-Ablenkungs-Apps

Es findet sich eine Vielzahl von Anti-Ablenkungs-Apps, die in der Regel in ihrer Grundfunktion gratis zu nutzen sind. Das Ziel ist jeweils, Ihre Handy- oder Internetsucht zu bremsen. Die Mittel können differieren: Entweder wird versucht, Sie mit spielerischen Mitteln zu mehr Auszeiten zu bewegen (z.B. mit einem virtuellen Wald oder Planeten). Oder Ihr Smartphone wird gleich für eine fixierte Zeit in einen nutzlosen Briefbeschwerer verwandelt. Den Grad der Sperrung können Sie bei vielen Apps mitbestimmen, indem Sie Ausnahmen oder andere Einstellungsmöglichkeiten festlegen. Beispiele für solche Apps sind:

Forest: Forest ist fast wie ein Spiel angelegt: Wenn Sie es schaffen, Ihr Smartphone nicht zu benutzen, wächst auf dem Display ein virtueller Wald. Dabei können Sie beruhigende Klänge einstellen oder einem Wald im Regen zuhören. Anfangs sprießt nur eine kleine Pflanze, je länger Sie durchhalten, desto größer wird sie. Wenn Sie jedoch schwach werden, überlebt der Baum nicht – er wird zum vertrockneten Kümmerling.

Offtime: Mit dieser App können Plattformen wie Instagram, Facebook, WhatsApp oder Snapchat, aber auch Anrufe für einen selbstgewählten Zeitraum blockiert werden. Als Nutzer oder Nutzerin bleiben Ihnen viele Einstellungsmöglichkeiten offen, so dass Sie die Pause nach Ihren Wünschen anpassen können.

Space: Die App ist sehr interaktiv gestaltet. Sie startet, indem nach Ihren meistgenutzten Apps gefragt wird. Dann geben Sie z.B. an, wie oft Sie das Handy verwenden und was Ihr Ziel ist. Mit Ihren Angaben erstellt die App ein Profil – vom Langeweile-Bekämpfer bis zum Social-Media-Junkie. Sie können dann Ihre Ziele durch Einstellungen konkretisieren, indem Sie angeben, wie viele Minuten Sie mit dem Smartphone verbringen möchten oder wie häufig Sie das Gerät entsperrt haben wollen.

Ein Blick auf unterschiedliche Störungsarten

Werfen wir einen weiteren Blick auf häufig vorkommende Störungen des Lernprozesses. Hierzu gehören

- akustische (z.B. Musik oder sonstiger Lärm),
- klimatische (z.B. Raumtemperatur) und
- visuelle Störungen (Beleuchtung).

3.3.1 Musik

Ein paar kurze Informationen zum Lernen mit Musik

Auf den ersten Blick mag das Hören von Musik im Lernprozess eine entspannungsfördernde Wirkung besitzen, weil man in einen angenehmen, entspannten Aufmerksamkeitszustand versetzt wird. Dieser Zusammenhang konnte in zahlreichen Studien jedoch nicht belegt werden (Kämpfe 2011): Multitasking funktioniert in den meisten Fällen sehr schlecht. Lediglich klassischer Musik wurde ein leistungssteigernder Einfluss bei Erwachsenen im intensiven Fremdsprachen-Anfangsunterricht nachgewiesen. Musikrichtungen wie Pop, Rock, Hip-Hop, Metal haben eher ablenkenden Einfluss auf das Lernen. Neben aggressiven, schnellen Tönen kommt bei solcher Musik größtenteils eine Textvielfalt hinzu, die die Aufmerksamkeit bindet.

Bloß kein Radio

Noch schlimmer ist es, beim Lernen das Radio im Hintergrund laufen zu lassen. In dem Fall kommen nämlich noch Nachrichten als weiterer Ablenkungseffekt hinzu. Dieser Informationsquelle wendet sich unser Gehirn nur allzu gerne zu. Resultat ist, dass das Gehirn ständig zwischen dem Lerninhalt und den Radio-News oder der Musik hin und her switcht. Die Konzentration ist so erheblich gestört und das Gehirn behält die Informationen nur anteilig, teils vom Radiohören und teils vom Lernstoff. Die Fehlerhäufigkeit und der Stress steigen.

Weniger ist mehr

Unser Gehirn ist einfach nicht auf **Multi-**, sondern auf **Monotasking** ausgerichtet. Wer also beim Lesen die optimale Erinnerungswirkung anstrebt, verzichtet besser auf Begleitmusik. Optimale und vor allem musikfreie Ruhe für ein angenehmes Lernen bietet sich in einer Bibliothek. Hier gerät man zwar nicht in Gefahr, Radio zu hören, dafür verzichtet man allerdings auf die heimische Atmosphäre. Wägen Sie Vor- und Nachteile für den jeweiligen Arbeitsort genau ab. Wenn es Ihnen nach Musik steht: Sie lässt sich ausgezeichnet mit der Verrichtung von Routinetätigkeiten kombinieren, wie dem Sortieren von Unterlagen oder dem Saubermachen.

3.3.2 Raumklima

Wissenswertes zum Raumklima

Die beste Temperatur fürs Lernen liegt zwischen 18 und 22 Grad. In Ihrem Arbeitsraum sollte es also nicht zu warm sein, damit die optimale geistige Leistung erreicht werden kann. Wenn die Temperatur über das Limit hinausgeht, ermüden Sie schneller. Neben der Temperatur gilt es, die Luftfeuchtigkeit zu beachten. Die relative Raumluftfeuchtigkeit sollte im Bereich zwischen 30 und 65 % liegen, wobei eine Raumluftfeuchte um die 50 % optimal ist. Zu trockene Luft führt vielfach zu Beschwerden wie Atemwegserkrankungen, Kopfschmerzen etc. Nicht zu unterschätzen ist die Wirkung des technischen Equipments: Drucker setzen Ozon frei und verschlechtern die Luftqualität. Zudem ist in vielen Möbeln, Baustoffen, Klebstoffen oder Farben Formaldehyd enthalten. Stundenlanges Lernen in einem Raum führt zudem zu verbrauchter Luft, also Luft mit einem erhöhten CO_2-Anteil. Resultat sind Ermüdung und Konzentrationsmangel.

Das Raumklima optimieren

Schädliche Bedingungen können durch ausreichendes Lüften (Stoßlüften) und mit Pflanzen verhindert werden. Wenn ich an mein eigenes Studium zurückdenke, lässt sich ein interessanter Zusammenhang sehen: Je umfangreicher meine Heimarbeit wurde, desto mehr **Bio-Luftfilter** habe ich mir angeschafft. Birkenfeige, Einblatt, Grünlilien und Bogenhanf kann ich mir heute nur noch schwer aus meinem Büro wegdenken. Diesen Pflanzen wird eine besonders gute Wirkung auf ein positives Raumklima nachgesagt. Neben der positiven Wirkung auf Raumklima, Atmosphäre und Schadstoffreduktion vermindern Pflanzen auch noch die Schallwirkung. Ein verständlicher Kritikpunkt vor der Anschaffung ist: *„Das Gießen und die Pflege kosten zu viel Zeit und ich habe das nicht so im Griff.“* Dieser Einwand kann durch ein Ton-Granulat wie zum Beispiel SERAMIS® entkräftet werden. Ein Ton-Granulat mit porösen Körnchen speichert sehr viel Wasser und gibt es dann bedarfsgerecht an den Wurzelballen ab. Nach dem Umtopfen inklusive der Umstellung auf Ton-Granulat stellt die Pflege (meiner Wahrnehmung nach) kein unlösbares Problem mehr dar.

3.3.3 Beleuchtung

Wissenswertes zur Beleuchtung

In dem Lernraum sollte eine Grundbeleuchtung vorhanden sein, die den Raum gleichmäßig ausleuchtet. Dies kann eine Deckenlampe sein, die helles Licht liefert und nicht diffus leuchtet. Sie dient der unmittelbaren Helligkeit und zur Schonung der Augen, da der Schattenwurf von Tischleuchten minimiert wird. Für Rechtshänder ist es praktisch, wenn das Licht tendenziell über die linke Schulter einfällt. Dadurch wird verhindert, dass man beim Schreiben nicht selbst Schatten wirft. Für Linkshänder gilt das Umgekehrte. Die Deckenbeleuchtung erfüllt meist nicht den Zweck einer hinreichenden Beleuchtung. Tischleuchten helfen aus. Sie sollten dreh- oder schwenkbar und so eingestellt sein, dass sie keine Reflektionen auf dem Monitor werfen.

Tageslicht bringt Energie

Solange es möglich ist, sollte das Tageslicht genutzt werden, denn das natürliche Licht macht wacher und wirkt sich positiv auf das Gemüt aus. Der Arbeitstisch sollte deshalb im Arbeitszimmer immer in der Nähe eines Fensters positioniert werden. Beim Standort ist jedoch darauf zu achten, dass man von direktem Sonnenlicht nicht geblendet wird. Falls nicht bereits Sonnenschutzmöglichkeiten durch Rollladen gegeben sind, müssen z.B. Vorhänge angeschafft werden.

3.4 Mit Methodik die Zeit managen

3.4.1 ALPEN-Methode

Ein paar Informationen zur Methode

Die **ALPEN-Methode** ist eine simple Methode des Zeitmanagements, die bei konsequenter Umsetzung mit wenigen Minuten Planungsarbeit pro Tag zur Erstellung eines schriftlichen (Monats-, Wochen- oder Tages-) Ablaufplans den Studienablauf zu strukturieren hilft (vgl. Abb. 13). Die fünf Elemente werden mit fünf Buchstaben festgemacht: A-L-P-E-N.

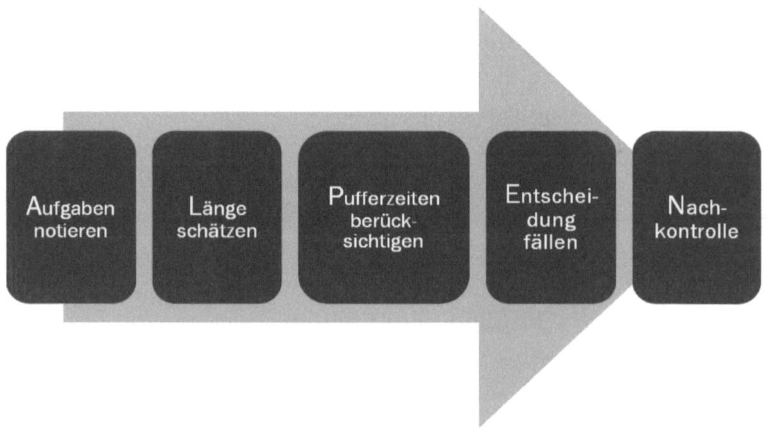

Abb. 13: Schritte der ALPEN-Methode

Aufgaben notieren

Im ersten Schritt wird eine Art To-do-Liste erstellt, auf der alle Aufgaben, die für das formulierte Teilziel zu erledigen sind, notiert werden. Die Aufgaben sollten nach Art der Tätigkeit und dem Ort, an dem die Tätigkeit ausgeführt wird, sortiert werden.

Länge schätzen

Im nächsten Schritt ist ein geschätzter, realistischer Zeitplan zu erstellen. Der voraussichtliche Zeitaufwand mit einem Zeitlimit sollte nicht allzu knapp bemessen sein, da dies bei Nichteinhaltung demotivierend wirken kann.

Pufferzeiten berücksichtigen

Im Studium ist es wie im realen Leben: Es geschehen Dinge, die nicht in der Form geplant oder nicht vorherzusehen waren. Gerade in den ersten Semestern wird ein Zeitaufwand gerne falsch eingeschätzt. Vergleichen Sie hierzu auch die Tipps in Kapitel 3.4.3. Für die einzelnen Arbeitsschritte ist vorab eine Zeitraumschätzung festzulegen, zuzüglich einer gewissen Pufferzeit für nicht kalkulierbare Probleme. Diese helfen, Stress zu vermeiden und führen zu mehr Gelassenheit. 60–70 % Ihres Tages sollten verplant und 30–40 % als **Puffer** eingeräumt werden. Durch diese Maßnahme wird Ihr Zeitdruck verringert.

Entscheidung fällen

In diesem vierten Schritt sind die Aufgaben angemessen zu sortieren und nach Dringlichkeit bzw. zwingender Reihenfolge zu ordnen und in einem Zeitplan genau zu strukturieren. So ist z.B. beim Anfertigen einer Disposition für eine Bachelor-Arbeit zweckmäßig, dass erst eine gründliche Literaturrecherche vollzogen werden muss, bevor der Schreibprozess begonnen werden kann. Ergebnis dieses Schrittes sollte ein grober Zeitplan von der ersten Recherche bis zum Abgabetermin der Arbeit sein sowie tägliche Zeitpläne als Feingliederung. Entscheidungen sollten gut durchdacht sein, wobei ein zu intensives Durchdenken kontraproduktiv sein kann. Werfen Sie sich auch nicht vor, etwas übersehen zu haben. Entscheidungen sind dazu da, um getroffen zu werden. Vollständige Information ist eine Illusion.

Beispiel aus der Forschung

Schwartz et al. (2002) haben in ihren Forschungsarbeiten zwei Entscheidungstypen identifiziert: „Maximizer" und „Satisficer". Maximizer suchen in einem intensiven Vergleichsprozess von möglichst vielen Alternativen die bestmögliche Option. Sie streben nach einer optimalen Analyse aller Umstände und haben Angst, die beste Alternative zu verpassen. Satisficer suchen nach einer guten Möglichkeit, die nicht unbedingt perfekt sein muss. Falls sie eine Alternative finden, die mit den Suchkriterien übereinstimmt, beenden sie die Suche. Letztere Vorgehensweise macht Individuen glücklicher. Sie zeigen höhere Selbstachtung und Optimismus. Durch die Mühe und den Stress beim Suchprozess neigen Maximizer eher zu Selbstvorwürfen, Depressionen und Reue. Sie haben bei ihren Entscheidungen ein klägliches Gefühl und sind mit den Ergebnissen somit weniger zufrieden als Satisficer, denn für die Maximizer könnte immer noch etwas Besseres kommen.

Nachkontrolle

Dieser im vergangenen Schritt erstellte Ablaufplan sollte im Prozessablauf kontrolliert und das IST mit dem SOLL verglichen werden. Der Zeitablauf ist bei Bedarf zu revidieren, d.h. es muss eine Kontrolle der Planung erfolgen. Wichtig ist, Flexibilität nicht als Freibrief zu sehen und bei der Bearbeitung von gewichtigen Aufgaben einen Schlussstrich zu ziehen und damit gesetzte Deadlines zu respektieren. An einem fixierten Datum sollte etwa das Lernen für eine Prüfung in einem Fach abgeschlossen werden. Wenn Sie die Lernaufgaben auf einer To-do-Liste erfasst haben, können Sie diese bei erfolgreicher Erledigung durchstreichen. Das Abstreichen erfüllter Aufgaben wirkt motivierend.

Früh trainieren lohnt sich

Gerade bei erstmaliger Anwendung der ALPEN-Methode ist, trotz der Einfachheit der Methode, ein reibungsloser Ablauf nicht garantiert. Aus diesem Grund sollte die Methode schon früh im Studium eingesetzt und ausgiebig getestet werden, um die methodische Vorgehensweise von Anwendung zu Anwendung zu perfektionieren. Es sollte auch nicht nur das reine Endergebnis, sondern auch die Erfüllung der einzelnen Teilschritte kontrolliert werden.

3.4.2 Eisenhower-Prinzip

Ein paar Informationen zur Methode

Bei einer Vielzahl von im Studium zu erledigenden Arbeiten orientieren sich Studierende nicht an der Wichtigkeit einer Aufgabe, sondern an ihren Vorlieben – dabei wird in vielen Fällen das Unbekannte und Unangenehme gescheut. Kurz: Das Wichtigste wird nicht zuerst erledigt. Das Eisenhower-Prinzip oder auch Eisenhower-Regel respektive -Methode setzt diese Thematik in das Zentrum ihrer Analyse. Sie geht historisch auf den 34. Präsidenten der Vereinigten Staaten (Dwight D. Eisenhower) zurück, der dieser Methode ihren Namen gab. Der Geschichte nach soll der Präsident seine täglichen Aufgaben schlicht nach einem bestimmten Schema geordnet und abgearbeitet haben: Bei dieser einfachen Methode werden anstehende Aufgaben in Kategorien (A-, B-, C-, D-Kategorie) verteilt, um sich den relevanten Aufgaben zuerst zu widmen und unbedeutende Aspekte auszusortieren (vgl. Tabelle 8).

A-Aufgabe wichtig und dringend	**B-Aufgabe** wichtig und nicht dringend
....	....
....	....
....	....
C-Aufgabe nicht wichtig und dringend	**D-Aufgabe** nicht wichtig und nicht dringend
....	....
....	....
....	....

Tab. 8: Prioritätenliste als Matrix

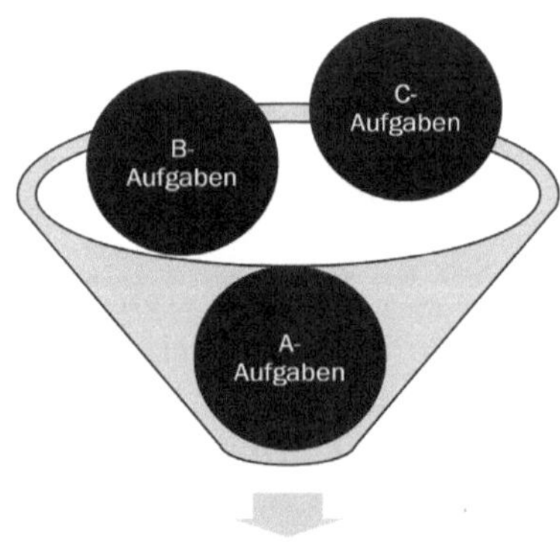

Abb. 14: Vorgehensweise beim Eisenhower-Prinzip

A-Aufgaben

Sie sind bedeutend und schnellstmöglich zu erledigen. Es kann sich um einen wichtigen Prüfungstipp handeln, den man kurz vor Prüfungsstart erhalten hat, oder um eine Stellenanzeige für ein Praktikum, das ganz interessant wäre und eine Bewerbung lohnt. Ein Leistungstief oder eine andere

Krise würde auch in diesem Sektor liegen. Leider fallen im Studienleben immer wieder viele A-Aufgaben an. Und das Schlimme ist, sie sind meist absolut vermeidbar, weil es sich um Aufgaben handelt, die vormals nur wichtig, aber noch nicht dringend waren. Den Status der A-Aufgabe erlangten die Aufgaben erst, weil sie auf die lange Bank geschoben wurden. Aus dem Grund müssen Studierende von einer Problemlösung zur anderen hetzen. Um der selbst auferlegten Not dann zu entkommen, müssen teils kurzfristige und schmerzhafte Lösungsansätze her (vgl. Tabelle 9).

Arbeitspensum erhöhen	Unter dieser Lösung muss die Freizeit leiden. Die Erholungsphasen werden gekürzt. Die Maßnahme darf nur kurzfristig „gezogen“ werden, sonst brennt man auf Dauer aus.
Abschirmen	Die Kontakte werden eingeschränkt, es werden keine Anrufe angenommen oder spontaner Besuch abwiesen. Hierunter leiden die sozialen Kontakte.
Ablenkung vermeiden	Es wurde schon beschrieben, dass Menschen sich gerne ablenken lassen (vgl. Kap. 3.3). Nun müssen Sie ganz genau darauf achten: den Computer ausgeschaltet und damit das Internet links liegen lassen.
keine festen Termine ausmachen	Erneut werden soziale Kontakte eingeschränkt. In Krisensituationen werden Freunde abermals dafür Verständnis haben.
Aufgaben übertragen	In Notsituationen könnten gut eine Reihe von C-Aufgaben auf andere übertragen werden, wie z.B. das Saubermachen Ihres Zimmers durch die Eltern. Sie sind dadurch entlastet, um A-Aufgaben zu erledigen. Unter Umständen können Ihnen Dritte auch direkt bei der Bewältigung von Hochschulaufgaben helfen, z.B. bei der kurzfristigen Korrektur einer Seminararbeit. Beachten Sie, dass Sie andere durch die Anfragen nerven könnten.

Ziele revidieren	Es gilt, *„Augen zu und durch"*. Wenn vorher ein ausgezeichnetes Ergebnis für eine Prüfung anvisiert wurde, muss ein mittelmäßiges Resultat auch genügen.
Nachfragen wegen eines Aufschubs	Nicht alle Deadlines sind fix. Falls Sie eine Aufgabe nicht mehr lösen können, ist eine Alternative, um ein Aufschieben zu bitten. Dies wird sicher nicht bei Massenprüfungen möglich sein, vielleicht aber bei dem Einreichen einer Hausarbeit, wenn der prüfenden Person Ihre Argumentation triftig erscheint.

Tab. 9: Krisenlösung für A-Aufgaben

Studi-Tipp: Langfristig planen hilft

Die beschriebenen Lösungsansätze sind nur für Notfälle gedacht. Üben Sie sich lieber in langfristiger Planung. Optimieren Sie daher Ihr Zeitmanagement, insbesondere die Kalenderplanung (vgl. Kap. 3.4.3). Um sich besser zu erkennen, ist möglicherweise auch eine Ursachenanalyse angesagt (vgl. Kap. 2.4.2). Machen Sie speziell zu Studienbeginn keine Panik, wenn immer mal wieder A-Aufgaben zu bewältigen sind: Sie machen in Ihrem Plan- und Lernprozess stetig Fortschritte, so dass Sie in Zukunft vieles an Druck vermeiden können.

B-Aufgaben

Sie sind wichtig, aber nicht dringend. Sie müssen sauber notiert und am besten auf einer Liste nach Daten sortiert werden. Sie dürfen auf gar keinen Fall vergessen werden, wie z.B. der Abgabetermin einer wissenschaftlichen Arbeit oder Prüfungstermine. Die Liste ist immer mal wieder zu überarbeiten, es könnte sich etwas an der Terminierung geändert haben. Dieser Dimension ist auch die langfristige Entwicklung der Kompetenzen zuzuordnen, d.h. die Optimierung der eigenen Stärken und die Minimierung der Schwächen. Einige B-Aufgaben können sich gut frühzeitig delegieren lassen, wie z.B. die Korrektur einer Bachelor-Arbeit durch einen Rechtschreibexperten. Die Auswahl und Ansprache der Experten können schon lange im Voraus einplant und durchgeführt werden.

C-Aufgaben

Sie sind weniger zentral, dafür eilig zu bearbeiten. Unter diese Dimension fallen Aufgaben, die nebenbei laufen – so genannte **Support-Tätigkeiten** (z.B. saubermachen, spülen). Ein Beispiel: Eine Rückgabe eines ausgeliehenen Buches nach Ablauf der Leihfrist ist zwar dringend, aber wenig wichtig. Es sei denn, Sie sind nicht bereit, die Mahngebühren der Bibliothek zu bezahlen. Viele der C-Aufgaben müssen nicht vom Studierenden selbst erledigt werden, sondern lassen sich gut delegieren und mit bestehenden Aufgaben von anderen Personen verbinden.

Studienbeispiel

Ein Freund kann Ihre ausgeliehenen Bücher in die Bibliothek zurückbringen, wenn er sowieso einen Gang dorthin plant. Auch ein Paket, das Sie unbedingt erwarten, muss nicht von Ihnen persönlich angenommen werden. Wenn Sie nicht im Hause sind, finden Sie einfach einen Nachbarn, der an dem Tag zu Hause ist und das Paket für Sie entgegennehmen kann. Durch diese Maßnahme müssen Sie die Sendung nicht selbst bei der Post zu einem späteren Zeitpunkt abholen.

Neben dem Support können einzelne studienrelevante Aufgaben unter die Kategorie sortiert werden: Wenn Sie einmal eine Vorlesung verpassen, ist dies in der Regel nicht so wichtig. Aber Sie sollten dringend einen anwesenden Mitstudierenden motivieren, für Sie mitzuschreiben und Ihnen die

Unterlagen dann zu überlassen. Beachten Sie aber, dass Sie kein Manager in einem Unternehmen sind, Sie haben also keine Sekretärin oder andere Untergebene, denen Sie einfach so etwas übertragen können. Versuchen Sie dies dennoch häufig, dann werden Sie schnell als Faulenzer gesehen und machen sich extrem unbeliebt.

Mit C-Aufgaben richtig umgehen	
Routine entwickeln	Indem Sie sich nicht scheuen, C-Aufgaben schnell anzugehen, entwickeln Sie eine gewisse Routine. Haben Sie anfangs noch 30 Minuten für die Badreinigung gebraucht, ist es nach einiger Zeit in gleicher Qualität in 20 Minuten möglich.
Aufgaben bündeln	Einkauf, Abgabe eines Buches in der Bibliothek oder einen Brief aufgeben – dies lässt sich oft in einem Arbeitsgang erledigen. Sammeln Sie die Aufgaben, um Sie dann in einem Schritt zu erledigen.

Tab. 10: Umgang mit C-Aufgaben

D-Aufgaben

Sie sind weder relevant noch dringlich. Die Aufgaben kommen gar nicht in den Trichter zur Bearbeitung (vgl. Abb. 14), sie erledigen sich von selbst oder müssen nicht angegangen werden, z.B. Werbematerial lesen. Sie finden ihren Platz in „Ablage P“ – also im Papierkorb. Versuchen Sie es auch, zu gewährleisten, dass alte Unterlagen, die früher in eine andere Kategorie fielen, aussortiert werden, und so nicht durch ihr Herumliegen stören. Hierzu gehören z.B. alte Zeitungen oder Reiseprospekte. Seien Sie aber nicht so streng mit sich, teils sind D-Aufgaben ein Stück Erholung. Das ganze Leben kann man schließlich nicht minutengenau durchplanen. Ein Werbeprospekt eines Supermarktes kann daher am Frühstückstisch eine Ablenkung bringen. Wenn Ihr Zeitplan in seltenen Fällen durch Arbeit an D-Aufgaben um wenige Minuten verschoben wird, kann das Verhalten gut geduldet werden. Wir sind schließlich Menschen und keine Maschinen, die immer am besten genau zu funktionieren haben. D-Aufgaben sollen aber nicht mit sich rumgeschleppt werden und auf den Schreibtisch gelangen. In der Bahn gelesene Prospekte, Zeitungen oder Werbungen können bereits vor der Rückkehr ins traute Heim entsorgt werden. Es sei denn, Sie finden dort etwas Relevantes für sich, wie z.B. einen Zeitungsausschnitt, der für eine Seminararbeit bedeutend sein könnte. In dem Fall sollten Sie allerdings nicht die gesamte Zeitschrift mitnehmen, sondern den Beitrag sichern. Dies können Sie durch Herausreißen der Seiten oder Abfotografieren mit dem Handy machen. Danach können Sie die Unterlagen in Ihr physisches oder digitales Ablagesystem (vgl. Kap. 4.6) einordnen.

3.4.3 Terminmanagement

Keine Planung ohne Terminplan

Der Terminplan ist ein wichtigstes Planungsinstrument und muss permanent geführt werden. Sobald Sie einen fixen Termin (Prüfungen, Semesterfeste usw.) erhalten, sollte er in Ihrem Kalender notiert werden. Diesen können Sie elektronisch (z.B. über Microsoft Outlook oder den Kalender auf dem Handy) oder über einen klassischen Terminkalender in Papierform führen. Wichtig sind auch wiederkehrende Termine (Veranstaltungen, Geburtstage) sorgfältig zu registrieren. Da die meisten Studierenden neben dem Studium noch ihren Lebensunterhalt oder zumindest Teile davon verdienen müssen, sollte der Jobarbeitsplan Teil des Studienkalenders für jedes Semester sein. Bei der Ausarbeitung des Terminplanes sollte der eigene Tagesablauf und die Arbeitsfähigkeit sinnvoll eingeschätzt und geeignete Arbeitsorte identifiziert werden.

Terminpläne frühzeitig schriftlich festhalten

Wichtig ist, den Arbeitsplan frühzeitig schriftlich festzuhalten. Am Semesterbeginn sollte ein grober Plan für das gesamte Semester stehen. Einzelne Feinpläne wären dann jeweils monatlich und wöchentlich abzuleiten, inklusive eines feinen Tagesplanes. An den fixierten Tagesplan sollte man sich halten.

Studienbeispiel

Kurzes Aufwärmen und Bereitlegen der Unterlagen 8.30–9.00 Uhr. 9.00–12.00 Uhr Übungsaufgaben Nr. 7 bis 18 durcharbeiten. 12.00–13.00 Uhr Mittagspause. Achtung: Die Arbeitsplanung bis zur Mittagspause bedeutet, dass man sich während dieser Zeit den beschriebenen, fixierten Aufgaben und nicht alternativen Miniaufgaben widmet, wie z.B. dem weiteren Sortieren von Arbeitsunterlagen. Eine Ausnahme wäre freilich, wenn Sie Ihr Arbeitspensum flotter als in der veranschlagten Zeit absolviert hätten.

Keinen Plan, wie viele Stunden für eine Lehrveranstaltung im Semester einzuplanen sind?

Eine Orientierungshilfe bieten die **ECTS-Punkte**, die für jede einzelne Lehrveranstaltung ausgeschrieben sind. Sie zeigen das Arbeitspensum an, das Sie zu absolvieren haben, um die Ziele eines Studiengangs zu erreichen. 1 Kreditpunkt entspricht einem studentischen Arbeitsaufwand von 25 bis 30 Stunden. In der Regel werden 60 Kreditpunkte für ein Studienjahr vergeben. 180 Kreditpunkte sind für den Erwerb des Bachelorabschlusses und 90 bis 120 Kreditpunkte für den Erwerb des Masterabschlusses nötig. Es wird ein Zeitaufwand von 1.500 bis 1.800 Stunden (60 ECTS) pro akademisches Jahr angenommen. Wenn man von den 1.800 Stunden als Basis ausgeht, entspricht dies einer wöchentlichen studentischen Leistung von etwa 35 Stunden – ohne Urlaub. Zieht man 6 Wochen Erholungsurlaub ab, besteht fast eine 40-Stunden-Woche.

Studi-Tipp: An die Fachschaft wenden

Fragen Sie aber auch bei der jeweiligen Fachschaft Ihres Studiengangs nach den Arbeitsbelastungen und ob die ECTS-Punkte von der Hochschule richtig eingeplant sind. Die Planungen der Hochschulen sind nicht immer ganz ausgefeilt. Aus dem Grund werden auch immer wieder Erhebungen zur wirklichen Arbeitsbelastung an den Hochschulen durchgeführt und die ECTS-Punkte unter Umständen angepasst.

Wie sieht die ECTS-Feinplanung aus?

Die Lernzeit, die Sie in Ihrem Semesterplan für die Heimarbeit einplanen müssen, wird in der Regel von den Hochschulen ausgewiesen. Sie müssen ganz einfach von den Credit-Punkten die **Präsenzzeit** (Zeit in der Lehrveranstaltung) abziehen. Wenn dort 3 Credit-Punkte ausgewiesen sind, entspricht dies 90 Stunden. Wenn die Präsenzstunden bei 30 Stunden liegen, müssen Sie 60 Stunden für die Textlektüre, Prüfungsvorbereitung und Hausarbeiten einplanen. Lehrveranstaltungen mit gleicher Präsenzzeit können also unterschiedlich hohe Credit-Punkte zugewiesen werden. Nicht leicht zu verstehen und noch schwerer zu planen, denken Sie jetzt sicher. Zugegeben, da haben Sie recht. Mit Hilfe der Fachschaft und eigenen Erfahrungen bekommt man die Planung aber nach einiger Zeit gut hin. In Kapitel 1.1 wurden Mentoren-Systeme an Hochschulen erwähnt. Ein solcher Mentor oder Mentorin kann Sie bei der Planung unterstützen.

Einen Überblick über den Terminplan verschaffen

Am Sonntagabend lohnt es sich, den Überblick auf die kommende Woche genau zu gewinnen und sich darauf einzustimmen. Ebenso sollten Sie am Vorabend den folgenden Tag und dessen Tagesablauf studieren und eventuell Änderungen vornehmen. Zum Terminmanagement gehört ferner, mit den Terminen gut umzugehen. Es sollten keine neuen Termine eingeplant werden, ohne vorher einen Blick auf den Terminkalender gemacht zu haben. Nichts ist ärgerlicher, als einen Termin doppelt zu vergeben und wieder verschieben zu müssen.

Die Termine sind zu überwachen

Zu einem guten Terminmanagement gehört nicht nur die Erfassung der Termine, sondern auch deren Überwachung und u.U. eine Korrektur des Terminplans. Wenn Sie z.B. feststellen, dass Sie Ihre Lerngeschwindigkeit falsch eingeschätzt haben, müssen Sie den Terminplan optimieren. In den Terminplan gehören nicht nur studienspezifische Planungen, sondern auch die Pausen- und Freizeitplanung (Soziales, Sport oder sonstiger Ausgleich). Des Weiteren ist für Support-Leistungen wie Waschen, Spülen, Staubsaugen ein Zeitkorridor einzuplanen.

Meilensteine setzen

Auch **Meilensteine** sollten im Arbeitsplan zeitlich erfasst werden, wie z.B. wichtige Absprachen mit Dozierenden oder Mitstudierenden. Allgemein handelt es sich bei Meilensteinen um festgelegte Teilziele, die es zu erreichen gilt. Sie zeigen das Vorankommen im Arbeitsprozess und dienen als Maßeinheiten, um kritische Punkte zu kennzeichnen. Falls ein Meilenstein nicht eingehalten werden kann, sollten Sie sich unverzüglich an die Planungskorrektur begeben.

Studienbeispiel

Im Rahmen einer Prüfungsvorbereitung könnte z.B. das Abarbeiten der Übungsaufgaben 1 bis 35 des Übungsbuches als wöchentlicher Meilenstein formuliert werden. Daraus abgeleitet werden Tagesziele gesetzt.

To-do-Liste erstellen

Erfassen Sie die Meilensteine, Tagesaufgaben oder alles, was Sie erledigen wollen, in einer **To-do-Liste**. Diese Listen können Sie für einzelne Tage, Wochen oder Monate erstellen. Stimmen Sie die Liste genau mit Ihren Meilensteinen und Zielen ab. Markieren Sie Aufgaben, die Sie erledigt haben, etwa indem Sie diese abhaken oder durchstreichen. Übertragen Sie unerledigte Tages- oder Wochenaufgaben auf den folgenden Tag oder die folgende Woche und reflektieren Sie (z.B. im Lerntagebuch, vgl. Kap. 4.3.2), warum Sie die Aufgabe nicht erfüllt haben. In vielen Kalendern sind To-do-Listen bereits enthalten, sie lassen sich zudem gut elektronisch als Notizliste auf dem Handy führen.

Studi-Tipp: Not-to-do-Liste

Wie schaufeln Sie sich frei? Die Antwort ist eine Not-to-do-Liste, das Pendant zur To-do-Liste. Ziel ist es, Ihren Studienalltag durch die Liste zu erleichtern und damit Zeit und Energie zu sparen. Auf die Liste gehört also alles, was Sie **nicht** erledigen wollen, weil es unwichtig ist. Denken Sie darüber nach, was Sie täglich bremst. Dabei müssen Sie vor allem ehrlich zu sich selber sein und sich von Illusionen trennen. Dazu kann auch ein Date mit einem Traumpartner oder -partnerin gehören, die doch irgendwie unerreichbar sind. Dadurch kann eine unnötige Blockade wegfallen. Im Gegensatz zur To-do-Liste gilt die Not-to-do-Liste meist sofort. Wichtiger als die Liste ist Ihre Geisteshaltung: Sie müssen auch zum Ausmisten bereit sein. Ansonsten haben Sie ein Blatt Papier oder eine Datei sinnlos ausgefüllt.

Pläne mit dem Lebenspartner besprechen

Die angedachten Zeitpläne sollten Sie mit Ihrem Lebenspartner besprechen, denn dieser kennt Ihre Stärken und Schwächen genau und kann Sie auf Verzettelungsgefahren hinweisen. Auch über Ihre Prüfungstermine und andere Zeiten der höchsten Anspannung sollte er/sie informiert sein.

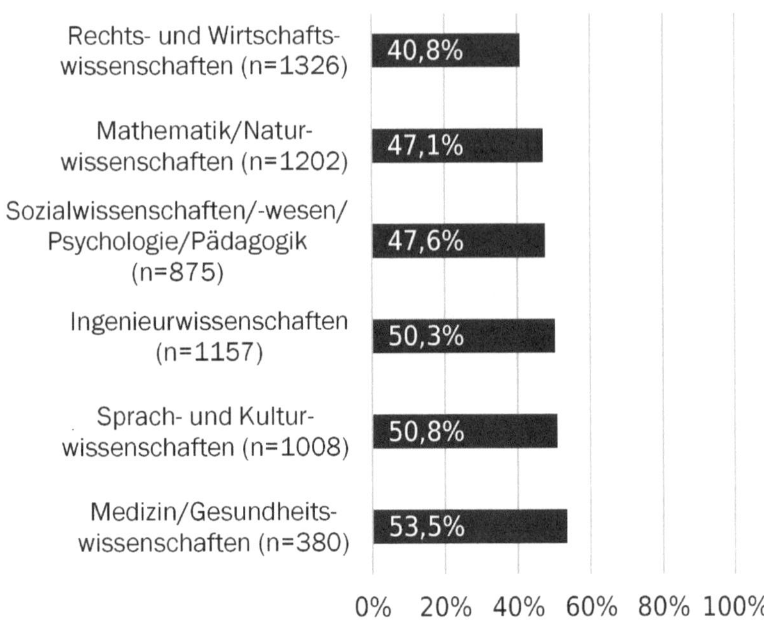

Abb. 15: Studierende mit fester Partnerschaft (Quelle: eigene Darstellung in Anlehnung an Grützmacher et al. 2018, S. 121)

Es kann auch Fälle geben, in denen Ihr Partner oder Ihre Partnerin wenig Verständnis für Ihr intensives Lernen und Ihre damit verbundene Zeitplanung aufbringen. Dieses Verhalten tritt vermehrt auf, wenn das Studienleben unbekannt ist, denn Prüfungsvorbereitung in der Schule ist eine ganz andere als im Studium. Machen Sie diese besondere Situation klar, z.B. durch Zeigen des Prüfungsstoffes. Sie können den Partner oder die Partnerin auch zum Abfragen des Prüfungsstoffes einsetzen, freilich nur auf Teilgebieten, in denen das realisierbar ist. Danach ist oft ein gesteigertes Verständnis vorhanden und Respekt für den Lernzeitbedarf. In ganz extremen Situationen wie Examensvorbereitungen lohnt es sich, klar zu machen, dass diese zeitlich begrenzt sind und vorbeigehen. Versuchen Sie trotzdem aktiv zu überlegen, wie Sie zusammen ein paar schöne Stunden verbringen können, z.B. gemütlich essen gehen, bei gutem Wetter zusammen joggen oder ein Eis essen gehen. Das bringt Ihnen wichtige Entspannung und Ruhe (vgl. Kapitel 6.4). Viele Studierenden sind in fester Partnerschaft, eine Verteilung über die Studiengänge illustriert Abbildung 15.

Routinearbeiten im Zeitplan akzeptieren

Routinearbeiten werden oft als unangenehm empfunden und deshalb schnell und schlampig erledigt oder gar nicht erst im Zeitmanagement berücksichtigt. Im Studium sind gerade kochen oder sauber machen als lästige Routinen verschrieen, weil sie keine zentralen Tätigkeiten sind. Durch diese negative Wahrnehmung erscheinen sie dann als noch unerträglicher und eine Abwärtsspirale kann ins Rollen kommen. Ein Lösungsansatz wäre, die Routinearbeiten langsam und bewusst auszuführen. Am Kochen könnte hierdurch z.B. Freude und Muße gefunden werden oder auch ein Erfolgserlebnis, dass ein gutes Essen geschaffen wurde. Vermeintlich unvorteilhafte Routinearbeiten werden verinnerlicht und vielleicht auch als Ablenkung vom Studienalltag erlebt.

3.4.4 Tagesrhythmus managen

Leistungsfähigkeit im Tagesablauf beachten

Jeder Mensch und damit auch Studierende hat ein eigenes Arbeitstempo und eine variierende Leistungsfähigkeit im Tagesverlauf. Letztere ist abhängig von den Lebensgewohnheiten, bestimmte Phasen lassen sich jedoch verallgemeinern (vgl. Abb. 16), wie etwa ein Leistungshoch am Vormittag und ein Absinken der Leistungsfähigkeit nach dem Mittagessen. Am Nachmittag wird dann ein zweites Leistungshoch erreicht, von dem aus dann wieder ein kontinuierliches Absinken beginnt. Normalerweise startet der Rhythmus um etwa 6.00 Uhr und schwankt innerhalb der nächsten 24 Stunden erheblich. Analysieren Sie sich hinsichtlich Ihres Tagesablaufs und beantworten Sie folgende Fragen:

- „Kann ich besser morgens oder abends arbeiten?“

- „Wann ist meine Konzentration am höchsten?"
- „Wie lange bin ich bei einer Aufgabe (Recherche, Lesen, Schreiben) wirklich konzentriert dabei?"
- „Wo lerne ich am effektivsten?"

Was steuert den Tagesablauf?

Steuerelemente sind körpereigene Stoffe, deren Ausschüttung durch das Gehirn initiiert wird. Sie regen den Puls an oder leiten die Müdigkeit ein. Je nachdem, welcher **Chronotyp** („Lerche oder Frühaufsteher" versus „Nachteule oder Morgenmuffel") Sie sind, muss die Leistungskurve verschoben werden. Machen Sie sich nichts vor: Mehr als 80 % der Menschen sind **Mischtypen**. Viele Vollzeitstudierende sind nur aus dem Grund ein Morgenmuffel, weil sie es sich selbst gerne und lange einreden, bis sie daran glauben. Oder wie erklären Sie es sich, als Morgenmuffel sehr früh, frisch und fröhlich aufzustehen, um den Flug in die wohlverdienten Ferien zu erwischen. Bei ausgeprägten Chronotypen ist der Rhythmus dagegen molekularbiologisch begründet. Wenn diese Personen permanent gegen ihren Rhythmus leben, leidet mitunter ihre Gesundheit. Sie sind anfälliger für organische Erkrankungen und greifen häufiger zu Nikotin und Alkohol. Der Typ kann mittels eines Gentests identifiziert werden.

Mit dem Tagesrhythmus im Studium richtig umgehen

Das Leistungshoch ist am Morgen. Falls Ihnen der ganze Tag zum Lernen zur Verfügung steht, wäre es zweckmäßig, in diese Zeit die in Bezug auf Ihre Zielformulierung relevantesten Aufgaben zu legen. Routineaufgaben hingegen passen gut in die leistungsschwächeren Zeiten. Nächtliches Lernen ist vom Tagesrhythmus sehr kontraproduktiv aus zu interpretieren, es sei denn, man ist eine „Nachteule". Schwierig ist es, wenn Sie zum Beruf parallel studieren. Die Stunden mit der höchsten Leistungsfähigkeit liegen meist in der Arbeitszeit. Lernen fällt eher in die Phasen, in denen die Leistungsfähigkeit von Natur aus eingeschränkt ist. Eine gute Pausenplanung (vgl. Kap. 6.4.1) und das Vermeiden von Störungen (vgl. Kap. 3.3) werden daher umso wichtiger.

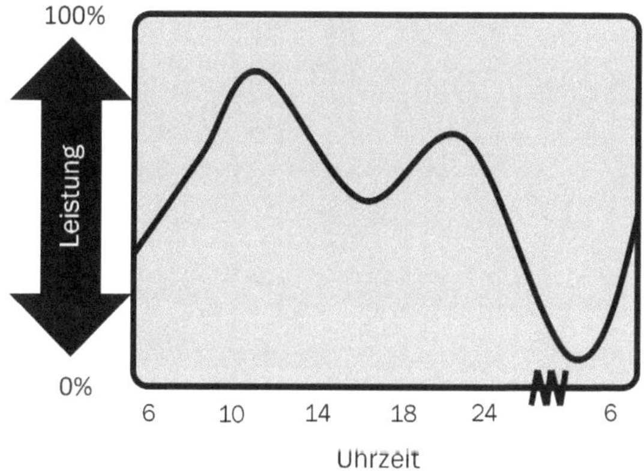

Abb. 16: Tagesrhythmus (Quelle: In Anlehnung an Müller, Jürgens, Krebs & von Prittwitz 2012)

4 Mit dem richtigen Lernverhalten zum optimalen Studienerfolg gelangen

Zentrale Ziele dieses Kapitels

- Grundlagen der Lernforschung verstehen
- Unterschiedliche Lerntechniken kennenlernen
- Eignung der Methoden für das eigene Lernen testen
- Mit passenden Strategien eine hohe Studienmotivation sichern

- Den Sinn einer „Buchführung“ im Studium mittels Mitschriften, Tagebüchern und einer Ideensammlung nachvollziehen
- Über den passenden Einsatz und die Bildung von Gruppen Bescheid wissen

4.1 Informationen zur Lernforschung

Wie lernen wir?

Lernen fußt auf der Bildung und Variation neuronaler Netze. Diese Nervenzellen (**Neuronen**) sitzen im Gehirn und verarbeiten die eingehenden Informationen mit Rückgriff auf elektrische Impulse der Sinnesorgane. Sage und schreibe 100 Milliarden Neuronen besitzt jeder Mensch schätzungsweise. Entscheidend für die Informationsverarbeitung im Gehirn und dessen geistiger Leistungsfähigkeit sind aber nicht nur die reine Menge der Neuronen, sondern auch deren Vernetzungen. Infolge von Lernprozessen bilden die Neuronen im Gehirn Verknüpfungen (**Synapsen**) mit Nachbarzellen aus – es können bis zu 10.000 Verbindungen entstehen. Wird das Gelernte behalten, so werden aus diesen Kontaktstellen dauerhafte Verkettungen. Im Extremfall können eine Billiarde Synapsen vorhanden sein. Diese machen vornehmlich die geistige Leistungsfähigkeit eines Menschen aus. Wenn man beim Lernen an bestehende Bindungen anknüpfen kann, ist der Behaltensgrad höher. Am Beispiel eines Spinnennetzes kann man sich den Zusammenhang gut vergegenwärtigen (vgl. Abb. 17): Unser aktuelles Wissen bildet das Spinnennetz. Neue Informationen bleiben besser hängen, wenn sie sich an einem bisherigen Faden verankern. Ansonsten schlüpfen sie leicht durch. Je mehr Detailwissen vorhanden ist, desto feiner wird das Netz. Wenn der Input besonders stark ist, kann selbstverständlich auch ein ganz neues Netzteil gesponnen werden.

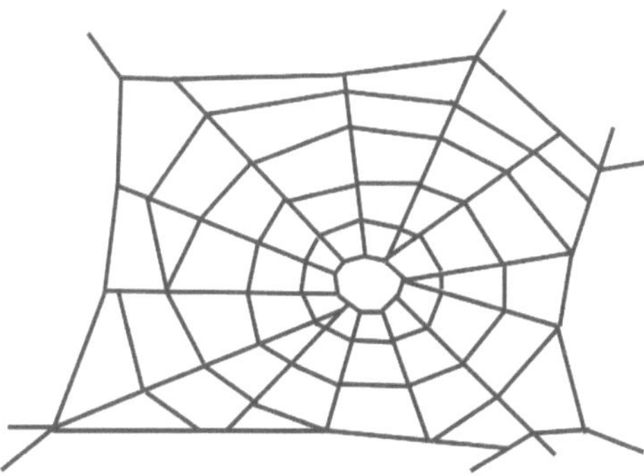

Abb. 17: Wissensnetz als Spinnennetz

Ein Fundament schaffen

Um ein Wissensnetz zu begründen, sollten erst einmal Grundlagen bekannt sein. Vergleichbar ist die Situation mit dem Hausbau: Bevor der erste Stock gebaut werden kann, müssen das Erdgeschoss und davor der Keller stehen. Auf das Lernen übertragen, sollte beim Lesen eines Buches oder eines Aufsatzes das Abstract oder das Inhaltsverzeichnis den Ausgangspunkt bilden. Durch das Studieren dieser elementaren Zusammenhänge wird ein Überblick erworben, an den es sich in tieferen Leseschritten ausgezeichnet anknüpfen lässt.

Die übliche Kritik an neuen Lern- und Arbeitstechniken

Immer wieder höre ich von studentischer Seite das Werturteil: *„Neue Lerntechniken probiere ich nicht aus, das kostet doch nur Zeit und bringt wenig Nutzen. Ich komme auch so durch."* Zugegeben: So hatte ich auch einmal gedacht, bis ich im Studium mit einer großen Menge an Lernstoff konfrontiert wurde. Ich war offensichtlich an meine Grenzen gestoßen und musste Neues ausprobieren. Die fremden Lerngebiete haben mich dann so interessiert, dass ich neben meinem BWL-Studium noch Pädagogik studierte. Um nun die genannte Kritik zu entkräften: Sicher, das Einarbeiten in unbekannte Lerntechniken braucht ebenso wie die erstmaligen

Anwendungen viel Zeit. Mit jeder Anwendung automatisiert sich aber der Ablauf, ohne noch viel Aufmerksamkeit auf die Technik legen zu müssen. Und eins versprechen alle der in Kapitel 4.2 dargestellten Techniken: Ihre Behaltensquote des Lernstoffes wesentlich steigern zu können.

Das Gehirn braucht Saft

Unser etwa zwei Kilogramm schweres Gehirn ist die Steuerzentrale, in der die Informationen aus dem Körper und der Umwelt zusammenlaufen und zu Reaktionen verarbeitet werden. Das kostet Energie: Obwohl es nur ungefähr 3 % des Körpergewichts ausmacht, benötigt es enorme Energiemengen – zirka 15 % des Gesamtbedarfs des Körpers. Das Gehirn lässt sich grob in zwei Hälften unterteilen. Werfen Sie einen Blick darauf:

Einteilung des Gehirns

Die **linke Gehirnhälfte** widmet sich dem, was im allgemeinen Sprachgebrauch als Denken tituliert wird. Sie denkt in Sprache, Begriffen, logisch und analytisch. Hier finden sich also eher Daten, Fakten und Ordnungen. Der Fokus liegt auf dem Detail. Die **rechte Gehirnhälfte** steuert eher die Intuition, Kreativität, Symbole und Gefühle. Das Rohmaterial der Gedanken, aufblitzende Ideen, Bilder, alle Sinneseindrücke werden also rechts bearbeitet. Der Fokus liegt auf Zusammenhängen und ganzheitlichem Denken. Das Gedächtnis kann sich Informationen besonders gut merken, wenn beide Gehirnhälften angesprochen sind. In der Schul- und Hochschulwelt wird allerdings vornehmlich die linke Gehirnhälfte angesprochen. Es geht vor allem um einzelne Fakten, lineare Planung und Organisation. Durch die dominante Nutzung der linken Gehirnhälfte wird die rechte Gehirnhälfte nicht mehr gefördert, so dass ein bestmöglicher Lernerfolg schwer erreichbar ist. Die im Folgenden vorgestellten Lernmethoden versuchen, ein optimales Zusammenspiel der beiden Hälften zu gewährleisten.

4.2 Lern- und Arbeitstechniken

4.2.1 Mind-Mapping

Wissenswertes zum Mind-Mapping

Mind-Mapping ist Ihnen auf Ihrem bisherigen schulischen Lebensweg sicher bereits begegnet. Leider wird die Technik im schulischen Unterricht oft nicht in ausreichender Tiefe erklärt und konsequent angewandt. Daher mögen die kommenden Darstellungen Ihr Wissen reaktivieren und vertiefen: Mind-Mapping ist eine Notiz- und Merktechnik, die durch bildliche, farbliche und vernetzte Darstellung von Inhalten beide Gehirnhälften anregen soll. Durch die Verbindung von sprachlich-logischem und intuitiv-bildhaftem Denken soll ein effizienteres Arbeiten sowie schnelleres Erfassen von Querbezügen realisiert werden. Die Methode eignet sich ausgezeichnet, um Arbeitsaufgaben eine Struktur zu geben, die in späteren Bearbeitungsschritten immer weiter vertieft werden kann.

Das Anfertigen von Mind-Maps

Mind-Maps (deutsch: Gedankenkarten) können frei Hand im DIN A3 oder DIN-A-Querformat gezeichnet oder mit Hilfe entsprechender Software erstellt werden.

> **Studi-Tipp: Nützliches aus dem Internet**
>
> Unter http://www.studysmarter.de/blog-die-17-besten-mindmap-programm-fuer-dein-studium-im-vergleich/ findet sich eine Übersicht für Programme und Tools für Mind-Mapping. Daneben sind zu jedem Programm bzw. Anbieter Erklärungen abrufbar. Einige dieser Programme sind frei erhältlich. Ein solches Programm ist FreeMind. Dort ist es möglich, Elemente zu verbinden, frei anzuordnen und mit Symbolen und Farben zu versehen. Auch Internet-Links können eingefügt werden. Das fertige Werk kann als HTML-, PDF- oder JPEG-Datei exportiert werden.

> Sofort-Download über chip.de
> 🖰 http://www.chip.de/dowloads/FreeMind_30513656.htm
> möglich.

Schritte beim Mind-Mapping

1. Schritt: Thema kennzeichnen

In der Blattmitte bzw. Bildmitte wird das Thema in knappen Worten in Groß- und Druckbuchstaben platziert und zur Hervorhebung eingekreist. Im Gegensatz zu einer klassischen Zusammenfassung steht das Thema also nicht mehr an der Peripherie (meist oberer Blattrand bei Zusammenfassungen), sondern zentral in der Mitte. Erinnern Sie sich an das bereits in diesem Kapitel Gelesene: Unser Gehirn arbeitet auch nicht linear, sondern assoziativ. Das Querformat des Mind-Maps unterstützt unsere Assoziationen, denn gedanklich sieht man ein „Kunstwerk". Bei der Betrachtung von Kunstwerken schauen wir uns zuerst interessiert die Mitte des Bildes an. Eine weitere Hervorhebung des Themas in der Mitte kann durch eine Zeichnung oder eine passende Farbgestaltung unterstützt werden, um unsere rechte Gehirnhälfte anzuregen.

Abb. 18: Zentrales Thema platzieren

2. Schritt: Äste ergänzen

Auf Ästen werden untergeordnete Schlüsselwörter um das Hauptthema herum ergänzt, die ebenfalls farbig oder mit Hilfe einer Bilddarstellung betont werden können. Die Bezeichnungen werden **neben** die Äste gesetzt (vgl. Abb. 19). Dank dieses Schrittes werden Assoziationsketten erzeugt. Zum Thema können so Unterpunkte gebildet werden. Im Prozess entwickelt sich eine Baumstruktur, bei der die Äste stets zusammenhängen müssen, d.h. es gibt keine freihängenden Äste ohne Verbindung zu einem übergeordneten Ast. Zur Erklärung der Abb. 19: Das Hauptthema bildet die „Studienzufriedenheit". Diese Thematik sollen Sie z.B. für eine Seminararbeit erschließen. Die Äste bilden die Perspektiven, aus denen das Thema betrachtet werden kann, z.B. von den Studierenden selbst („*Wann bin ich zufrieden?*"), von den Dozierenden („*Wie stelle ich Studierende zufrieden?*") oder der Gesellschaft („*Warum ist es wichtig, dass Studierende in der Hochschule zufrieden sind?*").

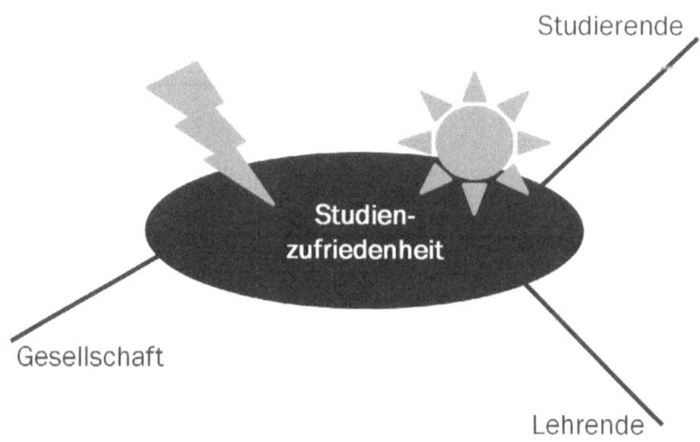

Abb. 19: Äste bilden

3. Schritt: Unteräste hinzufügen

In weiteren, dünneren Ästen können von den Hauptästen abzweigend weitere Unterthemen gefasst werden, womit die Vernetzungsstruktur ständig durch anknüpfende Hierarchieebenen ausbaufähig bleibt.

Mind-Maps sind wie Stadtpläne

Es ist wie bei einem Stadtplan: Das Stadtzentrum entspricht dem Hauptthema in der Mitte des Blattes. Die Hauptstraßen, die vom Zentrum stadtauswärts führen, entsprechen den Hauptsträngen der Map. Nebenstraßen „zweiter Ordnung" entsprechen Ihren nachgeordneten Gedankengängen, d.h. den Unterästen. Bilder oder andere grafische Elemente können als Marksteine für Sehenswürdigkeiten interpretiert werden. Auf jeder Mind-Map stehen nur so viele Daten, wie Sie wollen. Selbst für jeden Unterast kann ein ganz neuer „Stadtplan" (z.B. für einzelne Stadtviertel) respektive ein neues Mind-Map gezeichnet werden. Der Begriff muss einfach in die Mitte eines neuen Blattes gesetzt werden und schon geht es weiter. Auf dem Ursprungsblatt sollte jedoch vermerkt werden, dass es einen Ableger gibt. Mit solchen Maßnahmen lassen sich Mind-Maps modular aufbauen und das Wissen strukturiert auf unterschiedliche Blätter aufgliedern.

Was ist zur Anwendbarkeit zu sagen?

Vorteilhaft ist, dass das Lernthema schnell erfasst und Grundgedanken und Querbezüge mit Beschränkung auf wesentliche Gesichtspunkte gezeichnet werden können. Dies führt im Gegensatz zu einer umfangreichen Dokumentation in Textform zu einer Zeitersparnis, sowohl beim Schreiben als auch beim späteren Lesen. Selbstverständlich kostet es etwas Zeit, sich Gedanken über die Haupt- und Nebenäste zu machen, aber durch dieses Auseinandersetzen mit der Thematik wird ein intensiveres Nachdenken angeregt. Generelle Zusammenfassungen werden dagegen gerne einmal schnell „runter geschrieben", was die Neigung zum Vergessen erhöht. Des Weiteren sind bei den klassischen Zusammenfassungen meist mehr als 80 % der Wörter überflüssig. Bei der bildlichen Betrachtung können zudem Lernlücken erkennbar werden. Mind-Maps lassen sich aufgrund der geringen Zahl an Wörtern fast immer schnell neu erstellen, wenn Strukturfehler erkannt werden. Die Unübersichtlichkeit auf den ersten Blick sollte nicht unerwähnt bleiben, sie ist bei intensiveren Erfahrungen mit Mind-Mapping jedoch leicht zu überwinden. Beim Lernen mit Mitstudierenden können Mind-Maps unter Umständen zu Problemen führen, da ein Mind-Map immer ein individuelles Werk ist und somit kein allgemeingültiges Verständnis aufgrund persönlicher Darstellungsweisen (mit individuellen Symbolen und Bildern) gewährleistet wird. Ein großer Vorteil ist die Anwendungsvielfalt von Mind-Maps: Sie eignen sich für Dokumentationen (z.B. Textzusammenfassung, Besprechungsnotizen), Organisation (z.B. Tagesplanung, Jahresplanung), Konzepterstellung (z.B. Präsentationsvorbereitung, Jahresziele). Ich plane z.B. heute noch alle meine Präsentationen mit Hilfe von Mind-Mapping, und das seit mehr als 20 Jahren.

Kein Einsatz von Mind-Maps als Mitschrift in der Vorlesung

Als Technik zum Mitschreiben in einer Vorlesung sind Mind-Maps nicht unbedingt geeignet, da Ihnen erfahrungsgemäß vorab der Überblick über die Struktur des Vortrages fehlt. Die Hauptäste werden daher schwer zu benennen sein – es sei denn, Dozierende machen die Verbindungen anfangs klar oder Sie sind durch das Lesen eines Fachbuchs mit der Materie bereits gut vertraut. Die bessere Alternative ist es in den meisten Fällen, Mind-Maps direkt nach der Lehrveranstaltung aus den bestehenden Unterlagen anzufertigen. Diese Maßnahme erhöht die Reflexion des Lehrstoffes und damit die Behaltensquote.

Mit dem Mind-Mapping verwandte Methoden

Clustering ist mit dem Mind-Mapping sehr verwandt. Beim Clustering wird ein Schlüsselbegriff in die Mitte eines Blattes geschrieben und eingekreist. Um das Schlüsselwort herum werden Assoziationen geschrieben. Diese werden ebenso einkreist und mit dem Kernwort verbunden. Jede Assoziation ergibt wieder einen neuen Kern, der weitere Begriffe auslöst.

Schritt für Schritt werden weitere Ebenen ergänzt, so dass eine Assoziationskette entsteht – ein Cluster. Die Grundidee des Clustering ist, Assoziationen relativ frei und unsortiert zu bilden. Daher existiert streng genommen keine richtige oder falsche Art, ein Cluster zu bilden. Aus dem Grund wird Clustering im schulischen Unterricht dazu eingesetzt, um Schreibblockaden zu durchbrechen. Im Gegensatz zum Mind-Mapping ist es also eher strukturlos. Beim Clustering entstehen keine Äste mit den seitlichen Bezeichnungen, sondern es wird jeweils ein neuer Kasten gebildet. Clustering wird von vielen Anwendern aber oft wie Mind-Maps gebraucht, indem die Unteräste umkreist werden. Die Übersicht zu diesem Kapitel ist z.B. ein sortiertes Cluster mit umrandeten Begriffen.

4.2.2 Loci-Methode

Was gibt es Grundlegendes zur Loci-Methode zu sagen?

Bei der **Loci-Methode** (lat. Locus; deutsch: Ort, Platz) handelt es sich um eine Assoziationstechnik, die einfach zu verstehen und anzuwenden ist.

Lernende sollen sich eine Begriffsreihenfolge merken, indem sie den Begriffen Objekte oder Bilder zuordnen, die auf einem Weg eingesammelt werden müssen. Zur genauen Funktion: Im ersten Schritt denkt man an eine wohlvertraute Strecke, z.B.

[1] den Weg von Zuhause zur Hochschule

[2] Abläufe im eigenen Körper

[3] das Durchgehen einer bekannten Wohnung oder eines Hauses oder

[4] das Durchspielen eines bestimmten Levels bei einem Computerspiel.

Auf diesem Weg befinden sich auffallende Dinge, die Sie fix im Kopf haben, z.B. Haustür, Aufzug, Kiosk, Bahnhaltestelle, Sitzplatz usw. Diesen Wegpunkten werden die Begriffe zugeordnet, die man lernen will.

Schritte der Loci-Methode

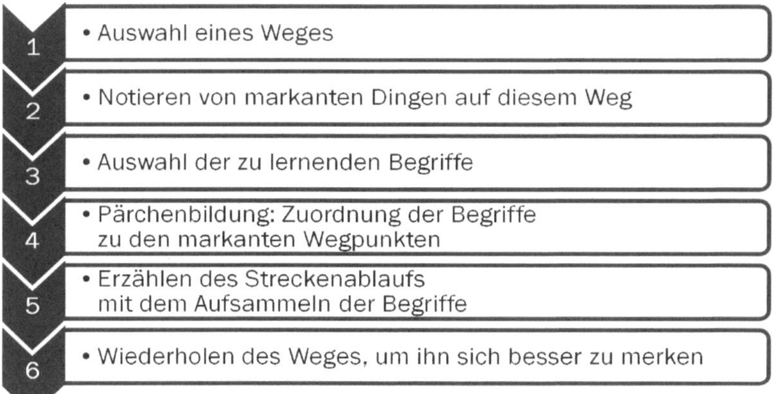

Abb. 20: Ablauf der Loci-Methode im Überblick

Gehen Sie einfach den Weg entlang

Wenden wir uns einem Beispiel aus der Betriebswirtschaftslehre zu, dem Marketing. Die Instrumente des Kommunikationsmixes (z.B. Public Relations, Verkaufsförderung, klassische Absatzwerbung und direkter Verkauf) wären in diesem Zusammenhang zu lernen – bezeichnen wir diese als Lernobjekte. Sie wählen als Loci-Anknüpfungspunkt jenen Weg, den Sie von Ihrer Wohnung zur Hochschule zurücklegen. Wenn Sie den Weg entlanggehen, „sammeln" Sie die Objekte der Reihenfolge nach ein. Es wird also für jeden Begriff ein eigener Platz in einer übergeordneten, fixen Struktur als Ankerpunkt reserviert. Durch diesen Trick wäre es sogar möglich, bei der Wiedergabe die exakte Abfolge einzuhalten. Nun aber zu dem konkreten Beispiel, bei dem die Reihenfolge der Begriffe nicht festgelegt ist:

Studienbeispiel

Mein Weg: Ich gehe aus der Haustür und treffe im Aufzug meinen Nachbarn. Der erzählt mir, dass der Hersteller seiner Lieblingsschokolade einen Tag der offenen Tür veranstaltet. Dazu erwähnt er, dass das Unternehmen viel für die Umwelt tut. „Macht der eine gute **Public Relation** für das Unternehmen", dachte ich mir. Auf dem Weg zur Bahn komme ich an meinem Kiosk vorbei und kaufe mir einen Kaffee und bekomme ein paar Kekse geschenkt, weil ein Produzent gerade eine **Verkaufsförderungsaktion** macht. Dann noch die letzten Meter zur Bahnhaltestelle, an der der Zug gerade einfährt. Auf diesem ist eine Reihe von Werbungen geschaltet, **klassische Absatzwerbung**, die eine große Masse an Menschen anspricht, aber einen hohen Streuverlust hat. Glücklicherweise kriege ich trotz voller Bahn einen Sitzplatz. Neben mir sitzt dummerweise der Autoverkäufer, bei dem ich vor zwei Jahren meinen PKW gekauft habe. Er erkennt mich und spricht mich direkt an, ob ich mir nicht mal die neuen Modelle ansehen wolle. Diese würden seiner Meinung nach gut zu mir passen, „was für ein toller **Direktverkauf**", kam mir ins Gedächtnis.

Was ist zur Anwendbarkeit zu sagen?

Den Ablauf (Weg, Raum usw.) haben Sie bereits vor Lernbeginn im Kopf. Daran lässt sich also schön anknüpfen. Die Methode eignet sich aber nicht unbedingt für umfangreichen Lernstoff: Der Weg wird zu lang und die Verknüpfungen schwächer. Dennoch lassen sich für einzelne Begriffe gewisse Zusammenhänge gut einprägen. Definitionen sind mit der Methode also sehr leicht herzuleiten.

Verwandte Methoden zur Loci-Methode

Die **geschichtliche Methode** hat den gleichen Sinn wie die Loci-Methode: sich Begriffe in einer bestimmten Reihenfolge merken. Basis ist nicht ein bekannter Weg, sondern eine Geschichte, die Sie bereits erlebt haben oder die frei erfunden ist. Wichtig ist, dass die Geschichte interessant ist und behalten werden kann. Die sich zu merkenden Objekte/Begriffe werden der Reihenfolge nach in eine Geschichte eingebaut. Vorteilhaft ist, dass die Geschichte die eigene Kreativität fördert und das eigene Interesse am Sachverhalt meist sehr hoch ist. Es ist aber nicht immer leicht, sich für recht beziehungslose Begriffe zusammenhängende Geschichten auszudenken. Wenn diese dann frei erfunden sind und keinen besonderen Kick haben, der die Erinnerung erleichtert, werden sie vergessen.

4.2.3 KaWa®-Technik

Was gibt es Grundlegendes zur KaWa®-Methode zu sagen?

KaWa® ist ein Kunstwort und steht für: **K**reativ, **A**nalografitti, **W**ort und **A**ssoziativ (Birkenbihl 2007). Ein wichtiger Sinn dieser Methode liegt darin, zu einem Begriff respektive dessen Buchstaben freie Assoziationen zu bilden, um die eigene Kreativität zu wecken. Zeichnerische Elemente lassen sich problemlos hinzufügen.

Man erschafft eine Art Wortbild. Dieses Wortbild eignet sich, um sich Begriffe klarzumachen. Ein Beispiel meiner Assoziationen für das Wort „Erfolg“ findet sich in Tabelle 11.

Buchstabe	Assoziation
E	Effektiv
R	Resultate
F	Freude
O	Ordnung
L	Leistung
G	Gewinn

Tab. 11: Ableitung eines KaWa® zum Begriff „Erfolg“

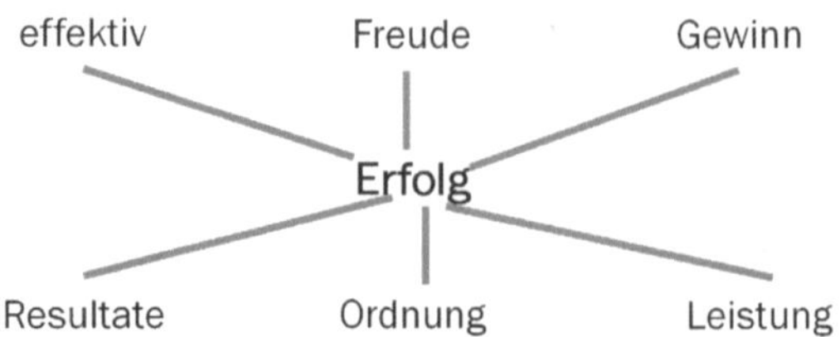

Abb. 21: KaWa® zum Begriff „Erfolg"

Schritte der Kawa®-Methode

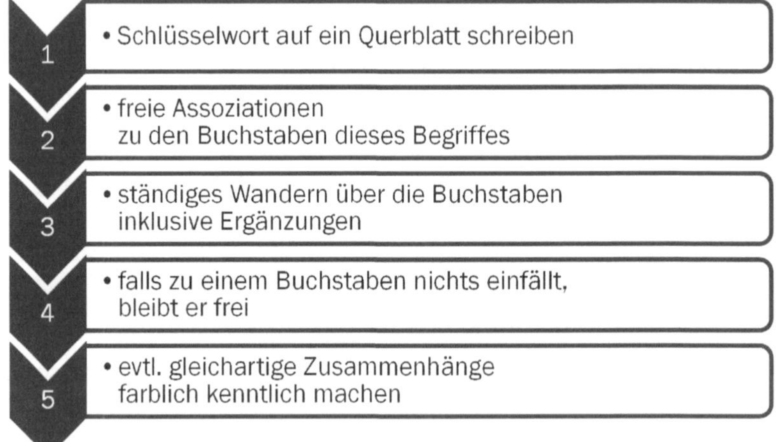

Abb. 22: Ablauf der KAWA®-Technik im Überblick

Studi-Tipp: Ein Beispiel aus dem Internet

Unter *YouTube* finden sich eine Reihe von schönen Beispielen zur Anfertigung einer KaWa®. Einfach Birkenbihl, die Erfinderin der Technik, und KaWa® eingeben und schon haben Sie eine schöne Auswahl. Besonders gelungen finde ich das KaWa® zum Begriff „Learning" unter folgender Adresse:

http://www.youtube.com/watch?v=wwTOU13N3d4

Was ist zur Anwendbarkeit zu sagen?

Sie können ein KaWa® anfertigen, bevor oder nachdem Sie einen Begriff erschlossen haben. Im ersten Fall ist es eine Art Brainstorming. Im zweiten Fall dient es dem konkreten Lernen von Begriffen. Die Technik ist leicht zu verinnerlichen und bringt unbewusste Lösungen und neue Ansätze hervor. Ein Problem liegt darin, dass die Assoziationen durch die Buchstaben des Hauptwortes relativ eingeschränkt sind. Meiner Wahrnehmung nach ist das jedoch keine Einengung, sondern die Kreativität wird noch weiter angeregt, indem man nach Synonymen sucht und damit den Sachverhalt weiter erschließt. Ein Wort können Sie hierdurch aus seinen Buchstaben heraus sehr gut definieren. Auch für das Sprachlernen lässt sich KaWa® sehr gut einsetzen, da man besonders schwierige Wörter durch Anwendungssituationen greifbar machen kann. Fremde können in der Regel (ohne Erklärung des Zeichners) wenig mit einer KaWa®-Grafik anfangen, da sie sehr individuell gestaltet ist. Sie können anderen Personen ein Wort respektive einen Sachverhalt gut mit der Technik verständlich machen.

4.2.4 Fishbone-Analyse

Wissenswertes zur Fishbone-Analyse

Die **Fishbone-Analyse** wird auch **Ursache-Wirkungs-Diagramm** oder (nach ihrem Erfinder) **Ishikawa-Diagramm** genannt. Den Namen „Fishbone“ erhielt sie, weil die zeichnerische Umsetzung für den Betrachter wie die Gräten eines Fisches wirkt (vgl. Abb. 23). Womit wir auch schon bei der Intention der Technik sind: Es wird eine graphische Darstellung von Ursachen angefertigt, die zu einem Lernproblem führen oder dieses maßgeblich beeinflussen. Es wird rückblickend die Frage gestellt: *„Was sind mögliche Gründe für mein Lernproblem?“* Sie können die Methode selbstverständlich auch in die andere Richtung anwenden und Erfolgsfaktoren für das Lernen prüfen. Im Folgenden wird die Methode zur

Konkretisierung eines Lernproblems vorgestellt. Sinnvoll ist es, vom folgenden Diagramm auszugehen und drei Schritte nacheinander zu vollziehen.

Schritte der Fishbone-Methode

1. Schritt: Problem kennzeichnen

Schreiben Sie Ihr gewähltes Problem an den Kopf des Fisches. Hiermit wird gesichert, dass es eine zentrale Rolle besitzt. Ein mögliches Problem wäre die „mangelnde Konzentration am Nachmittag beim Lernen zu Hause".

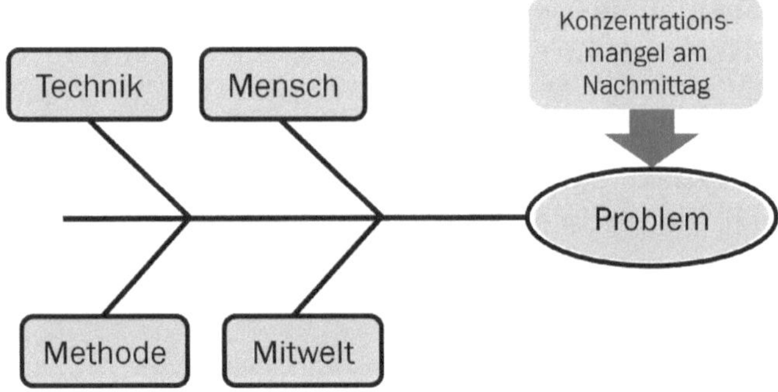

Abb. 23: Fishbone-Analyse

2. Schritt: Gräten prüfen

Nun werden die einzelnen Gräten Schritt für Schritt (Abb. 24) mit Fragen geprüft (vgl. Tabelle 12). Anfangen kann man z.B. bei Faktor „Mensch". Liegt es an Ihnen selbst? Denken Sie gerade am Nachmittag an etwas völlig anderes? Geht man weiter im Diagramm, könnte man beim Element „Technik" das Problem erkennen, z.B. *„Die Kühlung des PCs lenkt mich immer wieder vom Schreiben ab."* Die einzelnen Gräten müssen nicht abschließend beurteilt werden. Vielmehr kann man hin und her springen, wenn man durch die Analyse einer Gräte erkannt hat, dass eine enge Verbindung zu einem anderen Aspekt besteht. Zweckmäßig ist allerdings, alle potenziellen Problembereiche zumindest einmal zu prüfen.

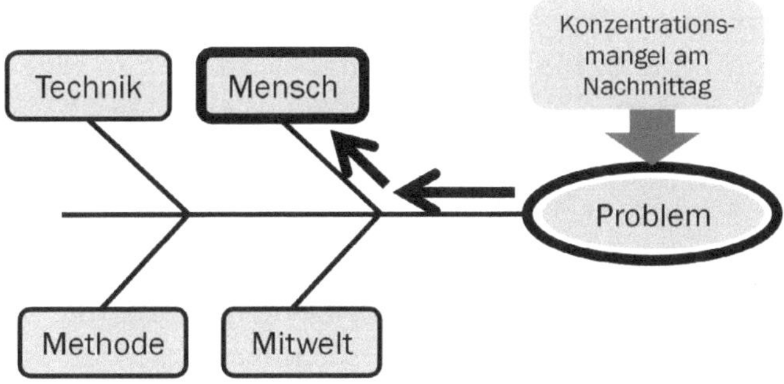

Abb. 24: Vorgehen bei der Fishbone-Analyse

Gräte	Fragen
Mensch	▪ Denke ich an etwas anderes? ▪ Was wäre mir lieber, warum? ▪ Womit lasse ich mich gerne ablenken?
Technik	▪ Ist die Kühlung des PCs laut? ▪ Stürzt mein PC zu oft ab? ▪ Spielt meine Technik allgemein mit (muss etwas angeschafft werden)?
Mitwelt	▪ Stören mich meine Freunde in Lernsituationen? ▪ Tragen Probleme mit meinem Partner bzw. meiner Partnerin dazu bei? ▪ Habe ich ausreichend Abgrenzung?
Methode	▪ Welche Lernmethoden wende ich in den Situationen an? ▪ Habe ich meinen Tagesrhythmus richtig bedacht? ▪ Mache ich Fehler bei meiner Lernorganisation?

Tab. 12: Mögliche Fragen zur Themenprüfung bei den einzelnen Gräten

3. Schritt: Lernen ändern

Nach der Prüfung kann eine Anpassung des Lernverhaltens vorgenommen werden. Sie erkennen z.B., dass die Probleme primär in Ihrem Umfeld liegen. Aus dem Grund beschließen Sie, Ihren Lernort für eine Zeit am Nachmittag in die Bibliothek zu verlagern.

Was ist zur Anwendbarkeit zu sagen?

Die Fishbone-Analyse führt zu einer ganzheitlichen Betrachtung aller Aspekte hinsichtlich einer Thematik. Sie ermöglicht anhand des Diagramms, tatsächliche Ursachen zu identifizieren, denn oft greift man z.B. bei Lernproblemen schnell zu wenig durchdachten Schlüssen. Die Anfertigung des Diagramms verhindert einen Schnellschuss, bei dem man sich sofort auf einige wenige, vielleicht falsche Ursachen konzentriert.

4.2.5 Wiederholung

Wiederholung macht den Meister

Je öfters wir uns mit einem Lernthema beschäftigen, umso größer ist die Wahrscheinlichkeit, es zu behalten. Man bildet Schritt für Schritt Spuren im Gedächtnis, deren **Behaltensgrad** immer weiter steigt, denn es wird ja stets an Bekanntem angeknüpft (vgl. Abb. 25). Es ist mit einem Schneeball vergleichbar, der einen Berg hinunterrollt – er wird mit jedem Meter größer. Und es geht ganz einfach, z.B. durch stilles oder lautes Vorsagen des gelernten Stoffes. Oder man fertigt sich Lernkarteikarten an, die man immer mal wieder durchgeht, z.B. in der Bahn, bei einem Spaziergang oder allgemein bei Wartezeiten (z.B. bis zum Vorlesungsbeginn an der Hochschule). Da wieder und wieder weitere, teils nicht prognostizierbare, Wartezeiten entstehen, sollten Sie einige Lernkarten immer bei sich tragen – eine Anzahl von 20 bis 30 Karten würde das Gepäck nicht sonderlich belasten. Lernen Sie aber auch hier mit System, indem Sie die Karten in zwei unterschiedlichen Fächern anlegen. In das erste Fach werden die Karten mit den neuen Inhalten, die es intensiv zu lernen gilt, abgelegt. Wenn der Inhalt gefestigt ist, kommt die passende Karte in das zweite Fach. Das zweite Fach wird nicht vergessen, sondern mindestens einmal wöchentlich durchgearbeitet. Falls Sie den Inhalt dann nicht mehr wiedergeben können, wird die Karte wieder in das erste Fach gelegt.

Lernkarten gibt es selbstverständlich auch in digitaler Form. Auf der Lernplattform StudySmarter beispielsweise können Sie digitale Karteikarten erstellen und auch mit anderen teilen. Sehr hilfreich ist auch die App Flashcards Deluxe zum Anfertigen von Lernkarten. Dort lassen sich zudem Bilder und Audiodateien gut integrieren. Bei der Vollversion der App können bestehende Karteikarten aus verschiedensten Fachgebieten in der Bibliothek des Programms genutzt werden.

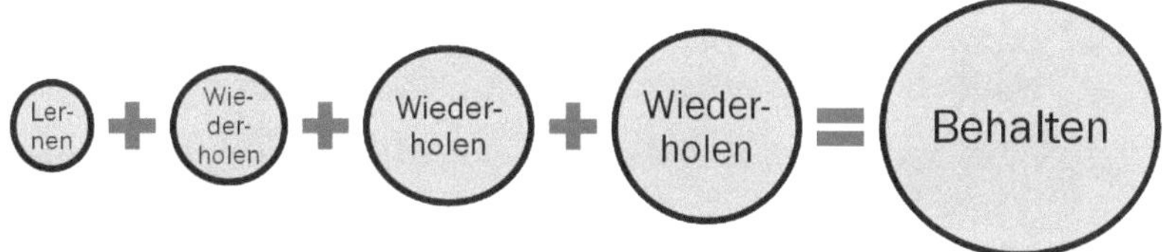

Abb. 25: Behaltensquote

4.3 Buchführen

4.3.1 Mitschrift führen

Mit der eigenen Mitschrift zum Erfolg

Zum proaktiven Verhalten (vgl. Kap. 1.2.1) gehört es, in Lehrveranstaltungen intensiv mitzuschreiben – auch wenn bereits Skripte oder Lehrbücher vorliegen. Der Lehrende ergänzt durch seine Worte das gedruckte Wort meist, z.B. durch Praxisbeispiele. Beim Mitschreiben gebrauchen Sie aber Ihre eigenen Worte und prüfen dadurch nochmal das

Verständnis des Stoffes. **Mitschreiben** führt in einer Lehrveranstaltung zu einer Reihe von weiteren positiven Effekten:

- höhere Aufmerksamkeit in der Lehrveranstaltung,
- besseres Einprägen und Behalten des Lernstoffes,
- gute Grundlage für die Wiederholung des Lernstoffes.

Einen Fehler sollten Sie allerdings vermeiden: Jedes Wort der Dozierenden ungezügelt mitschreiben. Nicht alle Details und Gedanken sind lohnenswert, sondern nur die zentralen Gedanken. Entwickeln Sie deshalb Ihr eigenes, optimales Mitschreibesystem. Ich habe in meiner Studienzeit den Weg gefunden, nur Kurzsätze und Schlagwörter in meine Mitschrift einzubringen. Zu Beginn bin ich übrigens auch dem Anfängerfehler unterlegen, eine Unmenge niederzuschreiben. Das Resultat war, dass ich mit den teils sehr wirren Unterlagen nichts anfangen konnte.

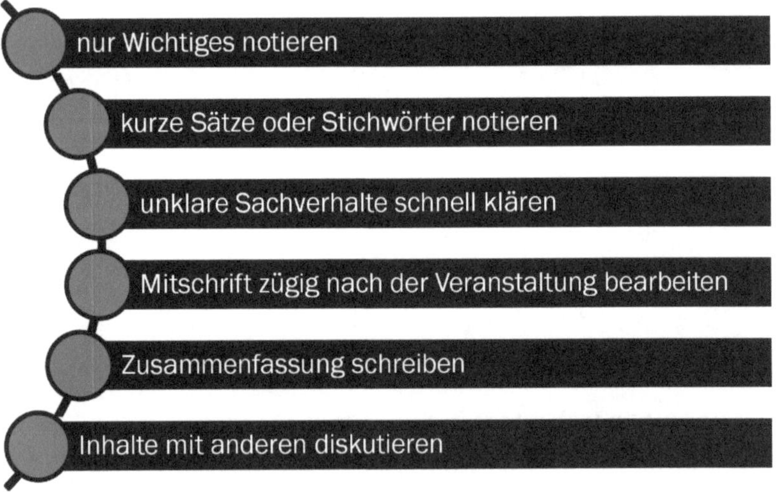

Abb. 26: Erfolgsrezepte für eine Mitschrift

Den Umgang mit der Mitschrift perfektionieren

Zum aktiven Arbeiten gehört auch der passende Umgang mit der Mitschrift. Falls Ihnen etwas unklar ist und die Lehrveranstaltung eine Möglichkeit für Fragen bietet, machen Sie sich direkt schlau, indem Sie Ihr Problem ansprechen. Nach der Lehrveranstaltung sollte das Durchsehen der Notizen möglichst nicht zu einem weit entfernten Zeitpunkt nach der Veranstaltung beginnen. Das kann gut schon während der Bahnfahrt nach Hause erfolgen. Während dieser Zeitspanne können z.B. zu knappe Teile markiert und zu Hause dann ergänzt werden. Ein Erfolgsrezept kann sein, die Kerngedanken der Lehrveranstaltung im letzten Bearbeitungsschritt noch auf einer halben Seite zusammenzufassen. Diskutieren Sie zudem das Mitgeschriebene in Ihrer Lerngruppe und bringen Sie dort auch Ihre Fragen an.

Handschriftliches oder digitales Mitschreiben?

Beide Alternativen sind möglich, auch wenn es immer wieder die eine oder andere wissenschaftliche Studie gibt, die zu einer Form rät. Meistens wurden bei den Studien aber einige Aspekte ausgeklammert. Teils empfehlen Dozierende auch explizit die handschriftliche Option, dennoch sollten Sie nach Ihren Neigungen und Erfahrungen vorgehen. Für den Fall, dass Sie die digitale Variante wählen, gilt es zwischen Laptop und Tablet abzuwägen. In der Regel greifen die meisten Studierenden zum klassischen Laptop, weil sie damit besser mitschreiben können. Eine (Bluetooth-)Tastatur erlaubt allerdings genauso schnelles Mitschreiben wie das Nutzen einer Laptoptastatur. Beim Thema „Wissenschaftliche Abbildungen und Tabellen erfassen“ sind digitale Mitschriften auf den ersten Blick unterlegen. Das Manko kann durch einen **Stylus** respektive **Touchpen** (z.B. Apple Pencil oder Surface Pen) ausgeglichen werden. Mit diesem Eingabestift kann ein Touchscreen bei Tablets, Smartphones und Laptops präzise bedient werden. Für Studierende, die besonders flexibel sein wollen, existieren Eingabestifte mit integriertem

Kugelschreiber. Die Hybridform ermöglicht zwischen Papier und Screen problemlos zu wechseln. Viele Dozierende legen ihre Folien und damit auch Grafiken auf eine Lernplattform, so dass diese auch nach der Veranstaltung in die digitale Mitschrift kopiert werden können. Zudem kann auch die App „CamScanner" hilfreich sein. Hiermit können Sie Dokumente auf allen Geräten wie Smartphones, iPads, Tablets und PCs scannen, speichern, synchronisieren, bearbeiten sowie freigeben. Es lohnt sich allerdings, die Meinung von Dozierenden hierzu einzuholen. Einige könnten irritiert sein und die Scanvorgänge als störend empfinden.

Mitschriften sind mehr als nur Prüfungsvorbereitung

Sie können aus Ihrer Mitschrift im Nachhinein auch eine schriftliche **Informationssammlung** zum Nachschlagen allgemein machen. Darin können Aspekte aufgenommen werden, die für Sie persönlich oder beruflich interessant erscheinen. Um dies zu gewährleisten, müssen Sie die Mitschrift noch intensiver bearbeiten und daraus weitere aussagekräftige Zusammenfassungen oder Mind-Maps anfertigen. Sie können in Ihrem Werk auch einschlägige fachsprachliche Redewendungen aufnehmen.

4.3.2 Lerntagebücher anlegen

Lerntagebücher bringen Ordnung in den Lernablauf

Im Rahmen der ALPEN-Methode (vgl. Kap. 3.4.1) wurde bereits die Relevanz der Kontrolle für formulierte Ziele ausgeführt. Der Lernfortschritt lässt sich auch gut in einem **Lerntagebuch** erfassen. Dort schreiben Sie auf, für welche Zielerreichung respektive Aufgabe welche Lernmethode eingesetzt wurde, und dokumentieren positive und negative Erlebnisse. Erfolge lassen sich auf diese Weise leicht bilanzieren und Misserfolge kritisch überdenken. Sie treten ganz einfach besser ins Bewusstsein – ein Bewusstsein für den eigenen Lernprozess. Ein Lerntagebuch bringt Sie dazu, sich noch einmal direkt mit Ihrem Lernen zu konfrontieren und intensiv darüber nachzudenken. Stellen Sie sich Fragen, z.B.:

- Wann habe ich mit der Arbeit begonnen?
- Wann habe ich meine wichtigste Arbeit gemacht?
- Was war für mich beim Lernen heute hilfreich?
- Was hätte ich heute noch bedenken können?
- Wann war mir besonders langweilig?
- Was war für mich sehr interessant?
- Wann habe ich mich gut gefühlt?
- Welche Störungen hätte ich vermeiden können?
- Was hätte ich noch machen sollen, was habe ich aufgeschoben?
- Welches Tagesziel habe ich heute nicht erfüllt?

Wissenswertes über das Lerntagebuch

Das Niederschreiben können Sie auch zu einem festen wöchentlichen Ritual machen – eine Zeit der Muße und des Rückblicks mit gleichzeitigem Nutzen für die Zukunft. Ein Lerntagebuch können Sie auch für einzelne Lehrveranstaltungen verfassen (vgl. die Leitfragen am Ende dieses Teilkapitels). Cantrell, Fusaro & Dougherty (2000) wiesen in einer Studie nach, dass das Führen eines Lerntagebuchs zur Nachbereitung von Seminarstunden dem Anfertigen einer gängigen Zusammenfassung überlegen ist. Aber egal, wie breit Sie das Tagebuch anwenden: Nach einer Zeit haben Sie eine Lernhistorie erstellt, die Ihren Lernfortschritt über Ihr Studium erfasst. Das Lerntagebuch hat also eine Bilanzfunktion. Ergänzend dazu wird Ihre Motivation gesteigert, wenn Sie in Ihre ältere Lernvergangenheit schauen. Sie sehen auf einen Blick, welche Probleme sie schon gelöst haben und erkennen die Weiterentwicklung Ihrer Fähigkeiten in Ihrem Studienleben.

Studi-Tipp: Reflektieren Sie sich nach Prüfungen

Schreiben Sie direkt nach erfolgreichen und gescheiterten Prüfungen exakt auf, in welchen Strategien der Erfolg oder Misserfolg begründet war. Notieren Sie auch direkte Änderungsvorschläge oder denkbare Optimierungsansätze.

Studi-Tipp: Lern- und Arbeitsstrategien entwickeln

Wenn Sie eine neue Lernmethode ausprobieren, dokumentieren Sie die zeitliche Länge, die Sie für die Bearbeitung einer Lerneinheit mit Rückgriff auf diese Methode gebraucht haben. Führen Sie diese Ausführungen beim weiteren Einsatz fort. Sie können Lerneinheiten mit ähnlichem Umfang hinsichtlich Ihrer Produktivität vergleichen. Auf diese Weise gewinnen Sie ein Gefühl für den In- und Output-Vergleich. Mit den Informationen können Sie Ihre individuellen Lern- und Arbeitsstrategien entwickeln. Das Niederschreiben selbst ist schon ein Einüben einer Technik.

Leitfragen für die Erstellung eines Lerntagebuches zur Reflexion von Lehrveranstaltungen

- Welche Sachverhalte erscheinen mir so wichtig, dass ich sie noch einmal mit eigenen Worten auf den Punkt bringen möchte?
- Welche zentralen Konzepte erscheinen mir so wichtig und nützlich, dass ich sie gerne behalten möchte? Kann ich diese kurz und prägnant definieren?
- Welche weiterführenden Fragen wirft das Gelernte auf? Regt es mich zu Gedanken an, die über den Stoff im engeren Sinne hinausführen?
- Gibt es Bezüge zwischen dem Gelernten und der Lehrveranstaltung (seiner Gestaltung, seinen Rahmenbedingungen, seinem Ablauf) selbst?
- Sind mir Bezüge und Anknüpfungspunkte zwischen dem Thema der Stunde und aus anderen Fächern/Seminaren bereits bekannten Theorien, Befunden oder Methoden aufgefallen?
- Fallen mir Beispiele aus meiner eigenen (biografischen) Erfahrung ein, die das Gelernte illustrieren, bestätigen oder ihm widersprechen?

- Welche Aspekte des Gelernten fand ich interessant, nützlich, überzeugend, und welche nicht? Warum?
- Welche Fragen blieben offen? Was erschien mir unklar? Was erschien mir falsch?
- Welche Aspekte des Gelernten kann ich bei gegenwärtigen oder zukünftigen Tätigkeiten (Praktika, Beruf) selber nutzen? Wie könnte eine solche Nutzung aussehen?
- Habe ich Erfahrungen oder Beobachtungen gemacht, die mir bei zukünftigen Präsentationen helfen können?

Quelle: Rambow & Nückles 2002

4.3.3 Ideensammlung gebrauchen

Ein Ideensammelbuch anlegen

An manchen Tagen kann man vor lauter Kreativität kaum an einem Thema lernen, weil man immer wieder gute Ideen zur Lösung anderer Aufgaben entwickelt. Für solche Anlässe empfiehlt es sich, ein **Ideensammelbuch** auf dem Schreibtisch zu haben – das kann schon ein kleiner Block sein. Auf diesem können Sie Ihre Geistesblitze niederschreiben. Im Notfall können Sie Ideen auch schnell auf das Handy sprechen, Hauptsache ist, dass Ihr weiterer Arbeitsprozess nicht mehr gestört ist. Ein solches Ideenbuch kann Ihnen auch zu einem besseren Schlaf verhelfen (vgl. Kap. 6.4.2).

4.4 Arbeit in Lerngruppen

Lerngruppen suchen

Bilden Sie eine **Learning Community** mit Ihren Kommilitonen. In der Lerngruppe überprüfen Sie ihr Wissen und entwickeln neue Einsichten. In dem Team sollten zwei bis maximal sechs Teilnehmer zusammenarbeiten. Sie haben oft Projektcharakter, weil sie häufig für eine besondere Prüfungssituation gebildet und in der Regel bestimmte Arbeitsaufgaben aufgeteilt werden.

4.4.1 Gruppenorganisation

Grundlegende Organisationsfragen

Am Anfang müssen sich die Gruppenmitglieder über ihre potenziellen Themen, Ziele und Verantwortungsbereiche abstimmen. Nicht zu vergessen ist, dass auch in diesem Fall wieder **SMARTE Ziele** anvisiert werden sollten (vgl. Kap. 2.5). Für jedes einzelne Gruppentreffen sollte ein **Zeitlimit** ausgemacht werden. Ein verbindlicher Schlusstermin erzeugt Druck, so dass die Ziele fix angegangen werden. Probleme entstehen vor allem, wenn Aufgaben nicht klar verteilt oder Meilensteine nicht gesetzt wurden. Daher sollte ein fixierter Zeitraum zur Erledigung der Teilaufgaben und für die Abstimmung der einzelnen Ergebnisse formuliert werden. Gruppen, die dies missachteten, hatten meiner Erfahrung nach speziell kurz vor dem Abgabetermin der Projektarbeit große Koordinierungsprobleme. Ähnlich wichtig war ein permanenter Austausch der Ergebnisse, da so Doppelarbeiten vermieden werden konnten.

Gruppensprecher wählen

Auf der Beziehungsebene ist erfahrungsgemäß ein Gruppensprecher bzw. -leiter sehr relevant, der die Schritte koordiniert und bei Problemen der Gruppenmitglieder untereinander vermittelt. Diese Person sollte von allen akzeptiert und vor allem kein ewiger Besserwisser sein, da die Gruppe kooperativ arbeiten soll. Zu den Aufgaben des Gruppensprechers gehört, darauf zu achten, dass Aufgaben gemäß den Fähigkeiten gerecht verteilt werden und alle ihre auferlegten Pflichten einhalten. Oft werden Gruppenarbeiten negativ wahrgenommen, weil durch langatmige Diskussionen und Abschweifungen zum Thema kein Lernfortschritt erzielt wird. Ein waches Auge des Gruppenleiters verhindert auch dies.

Umgang mit problematischen Gruppenmitgliedern

Generell sollten diejenigen Gruppenmitglieder, die eine Gruppe beherrschen wollen und dadurch negativ auffallen, schnell angesprochen werden und um eine Verhaltensänderung gebeten werden. Andererseits können auch zu passive Mitglieder die Effizienz der Gruppe gefährden. Nur von anderen zu profitieren, ohne etwas einzubringen, sollte nicht toleriert werden. Werden die bereits genannten Ratschläge eingehalten, dann ist die Stimmung in den Gruppen auf einem guten Niveau und motivierend für alle Mitglieder. Dazu gehört es auch, sich in Krisen mit guten Worten zu unterstützen und zu versuchen, diese gemeinsam zu lösen.

Ein Protokoll erstellen

Um die Bindung an formulierte Ziele und Meilensteine zu erhöhen, kann bei jedem Teamtreffen ein **Protokoll** angefertigt werden. Hier können die wichtigsten Ergebnisse und Ziele festgehalten werden. Das Protokoll kann direkt am Computer oder in lesbarer Handschrift verfasst werden. Am Ende der Besprechung sollte das Protokoll vom Mitschreiber laut vorgelesen und gefragt werden, ob alle Gruppenmitglieder damit einverstanden sind. Zum Start des nächsten Treffens kann das Niedergeschriebene hinsichtlich der Zielerreichung geprüft werden.

Keine Gruppenarbeiten um jeden Preis

Gruppenarbeiten eignen sich übrigens nicht für alle Lernvorhaben. Nicht alles Faktenwissen ist auf diese Art zu gewinnen und möglichst gut zu behalten – auch nicht durch „Lernen durch Lehren“ (vgl. Kap. 4.4.2). Vieles erledigt sich besser in Einzelarbeit. Grundkenntnisse der Fakten sollten immer eine Voraussetzung für die Gruppenarbeit sein. Diskussion, Vertiefung und Kontrolle der Wissensbasis kann dann wieder im Team erfolgen.

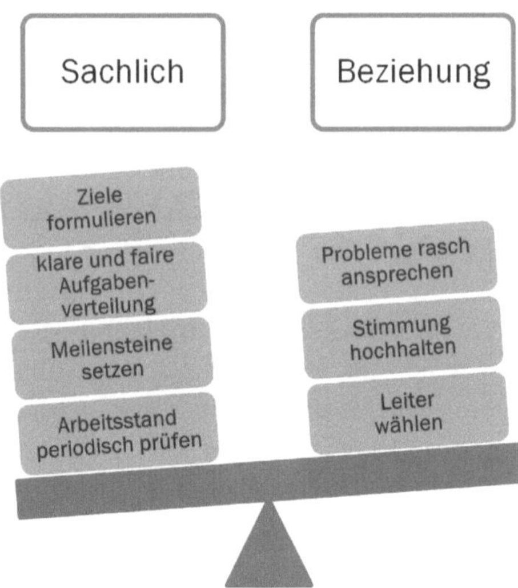

Abb. 27: Erfolgsfaktoren für Gruppenarbeiten

Studi-Tipp: Daten teilen

Sie werden die gemeinsame Bearbeitung von Dokumenten bereits gewohnt sein: Wenn Sie ein Dokument in einer Gruppe bearbeiten wollen, kann Ihnen das Internet helfen. Unter der Adresse https://www.dropbox.com/ findet sich die Online-Festplatte *Dropbox*, einer der führenden Anbieter weltweit. Für Gruppenarbeiten sind wichtige Funktionen vorhanden: Daten zu teilen und die automatische Synchronisierung, auch mit Daten mehrerer Rechner. Ähnliche Möglichkeiten und Funktionen bieten Microsoft „OneDrive" oder „Google Docs". Ein allgemeiner Überblick über Cloudspeicher findet sich unter https://trusted.de/cloud-speicher.

4.4.2 Arbeitsmethoden in Lerngruppen

Lernen durch lehren

Beim **Lernen durch Lehren** oder kurz **LdL** lernen die Studierenden den Lernstoff, indem sie ihn anderen Personen vermitteln, also didaktisch aufbereiten und in einer fiktiven Lehrsituation ihren Kommilitonen präsentieren. Sie werden sich fragen, was ist daran neu? Sicher, das Prinzip ist keine wirkliche Innovation. Wichtig ist, dass es professionell betrieben wird: Ein Studierender oder eine Studierende schlüpft in die Dozierendenrolle und lehrt einen vereinbarten Teil des Lernstoffs in einem abgesprochenen Zeitrahmen. Er/sie praktiziert also quasi eine Seminarstunde, inklusive des Einbezuges passender Medien (z.B. PowerPoint-Präsentation). Ideal ist es, wenn die anderen Mitglieder der Lerngruppe voll einbezogen werden, z.B. durch Fragen in die Runde hinsichtlich der Anknüpfung an andere Themengebiete oder dem Herausarbeiten von Pro- und Contra-Aspekten. Auch der Entwurf von eigenen Übungsaufgaben kann die Aufmerksamkeit der Zuhörer steigern. Mit Hilfe der simulierten Lehrveranstaltung wird die Aktivität gesteigert, der Stoff intensiver bearbeitet und letztlich der Lerneffekt erhöht. Ein positiver Nebeneffekt ist die Verbesserung der Sozialkompetenz und die Steigerung des Selbstvertrauens. LdL lässt sich gut in einer kleinen Arbeitsgruppe realisieren, bei der man sich die Lernpakete aufteilt, z.B. verschiedene Themenschwerpunkte zur Prüfungsvorbereitung. Durch die Spezialisierung ist jeder Vortragende Fachmann auf seinem Gebiet. Schwierige Lernstoffe hört man nochmal in der Sprache der Mitstudierenden. Ebenso ist die Hemmschwelle für Fragen geringer.

Warum nicht gleich eine Videokonferenz?

In Corona-Zeiten erlebten die Videokonferenzen einen neuen Boom. Sie sind aus dem Studien- und Arbeitsleben kaum mehr wegzudenken. Lernen durch Lehren kann leicht im virtuellen Raum stattfinden – ohne an einem Ort zusammenzukommen. Neben dem direkten Austausch können durch Videokonferenzen auch gemeinsame Dokumente oder Präsentationen studiert und je nach Programm auch kooperativ bearbeitet werden. Zoom, Microsoft Teams und Skype sind bekannte Anbieter, deren Grundfunktionen meist auch kostenfrei zu nutzen sind. Wichtig ist, dass Sie für die Konferenz etwas Ruhe haben und Störungen vermieden werden. Sie kennen sicher die vielen lustigen YouTube-Videos von Videokonferenzen, in denen eine andere Person in Unterhose ins Bild rennt oder laut etwas reinschreit. In einer WG ist da schon mal ein Hinweis „Videokonferenz – nicht stören“ an der Tür sinnvoll. Ebenso sollten Sie nach der Videokonferenz prüfen, ob Sie auch ausgeloggt sind. Erst dann sollten Sie im Zweifelsfall lästern oder schimpfen.

Musterlösungen per E-Mail entwerfen

Übungsaufgaben müssen nicht immer nur face to face besprochen werden. In einer Lerngruppe könnten z.B. auch E-Mail-Fragketten entworfen werden. Einen möglichen Ablauf einer solchen Lernfragenkette illustriert die folgende Abbildung.

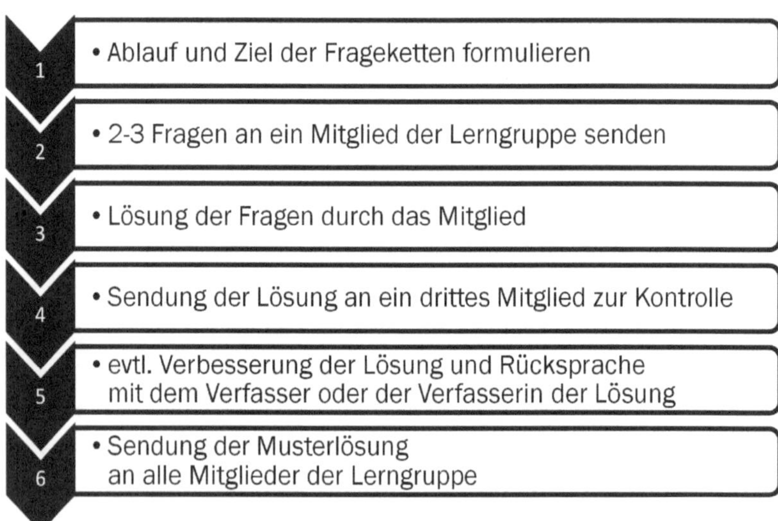

Abb. 28: Ablauf einer Lernfragenkette

Austausch mit Messengerdiensten

Die Kommunikation in den Gruppen kann auch über Messengerdienste erfolgen. Hierfür können Sie eine Arbeitsgruppe einrichten. Diese Alternative habe Sie in Ihrer Schulzeit sicher schon intensiv genutzt. Die Dienste offerieren neben einer klassischen Chatfunktion in der Regel das Versenden und Empfangen von Bildern und Videotelefonie. Die in Abbildung 28 dargestellte Lernfragekette lässt sich über Messenger problemlos vollziehen. Facebook-Messenger, WhatsApp, Slack und Facetime stellen Beispiele für solche Angebote dar. Jedes Programm ist mit Vor- und Nachteilen verbunden; so wurde bei Facebook und WhatsApp beispielsweise die Datenschutzpolitik bereits des Öfteren kritisiert.

4.5 Motivation

Die Motivation erhalten

Motive sind eine Art Triebfeder des Wollens, die Sie zu einer bestimmten Verhaltensweise veranlassen. Wenn Sie richtig motiviert sind, haben Sie Interesse, die Leistungsforderung zu erfüllen. In den ersten Semestern kommen die Studierenden sehr motiviert an die Hochschule, nach kurzer Zeit macht die erste Begeisterung nüchternem Realismus Platz. Studierende stellen fest, dass sie viel lernen müssen, es viel schwieriger ist als in der Schule, viele Fächer schlicht leidige Pflicht sind. Wenn Sie sich keine klare Vision, Mission und Ziele gesetzt haben (vgl. Kap. 2), ist Hals über Kopf der große Frust zu verzeichnen – überlesen Sie also nicht Kap. 6. Dort werden Ihnen einige Maßnahmen zur Gesundheitsförderung und Fitness präsentiert, die dazu dienen können, Ihre Motivation zu verbessern.

4.5.1 Belohnungen setzen

Die Belohnung als Anreiz

Die Wichtigkeit von positiven Emotionen beim Lernen (vgl. Kap. 1.2.5) wurde bereits mehrfach betont. Motivationsanreize können auch durch das Setzen von Belohnungen aufkommen. Wenn etwa ein bestimmter, wichtiger Arbeitsabschnitt in einer Projektgruppe erledigt ist, belohnen sich die Mitglieder mit einem kleinen Event. Das kann ein Gang in den Zoo, ein Wellness-Tag, ein langer Kaffee mit Freunden oder ein Kinobesuch sein.

Keine Pseudobelohnungen

Die **Belohnung** darf nicht künstlich gesetzt sein, d.h. ein Kinogang darf nicht nur zur Belohnung werden, weil Sie es sich vorab verboten haben. Belohnungen sollten also keine Pseudobelohnungen sein, sondern positiv gegenüber dem Normalfall herausstechen. Ansonsten erteilen Sie sich vorher extra eine Strafe – nur, um von einer Belohnung sprechen zu können. Belohnen muss also immer etwas Außergewöhnliches sein. Schon die Definition dieser schönen Gegebenheiten kann Freude bereiten. Beim Erreichen besonderer Meilensteine können Sie sich sogar ein absolutes Highlight setzen, z.B. einen mehrtägigen Städtetrip.

Welche Dinge eignen sich zur Belohnung?

Studierende können sich auch mit Dingen belohnen, die bei jedem Lernschritt wieder motivieren. Dies können besonders ansprechende Schreibmaterialien, ein kreativer Notizblock oder ein schneller PC mit schönem Design sein. Vergessen Sie nicht, die Belohnung unmittelbar nach dem gewünschten Verhalten einzulösen, sonst kann sie dem Erfolgserlebnis gefühlsmäßig nicht mehr so gut zugeordnet werden. Infolge der Belohnungseinlösung werden auch **Endorphine**, so genannte Glückshormone, freigesetzt. Diese haben eine entfernt dem Opium verwandte Wirkung und mildern depressive Tiefs ab. Belohnungen verhindern, dass man das Studium als Last oder Tretmühle sieht. Sie sollten aber nur eingelöst werden, wenn das fixierte Ziel wirklich erreicht wurde.

4.5.2 Lächeln

Lächle Dich froh!

Forscher haben belegt, dass positive Gesichtsmuskelbewegungen das eigene emotionale Erleben bestärken. Im Rahmen der **Facial-Feedback-Hypothese** (Strack, Martin & Stepper 1988) wurde festgestellt, dass Personen, die während einer Veranstaltung zum Lächeln angeregt werden, diese nachträglich als positiver empfinden als Probanden, die keine positiven Gesichtsausdrücke haben. Es wird dem Gehirn signalisiert, dass ein Grund für gute Laune besteht. Erschrecken Sie nicht, Sie brauchen in der Lehrveranstaltung nicht wie ein Smiley herumzusitzen. Ein solches Verhalten wirkt auch etwas seltsam auf Dozierende und Mitstudierende. Nichtsdestotrotz kann man versuchen, angespannte Gesichtszüge zu vermeiden und hin und wieder ein Lächeln einstreuen.

4.5.3 Tiefen managen

Mit Tiefen im Studium umgehen

Es gibt immer wieder Situationen, bei denen Sie sich am Ende des Tages denken: *„Heute habe ich überhaupt nichts geschafft"*. Kommt dieses Klagen nur selten vor, ist es nichts Ungewöhnliches – ja geradezu menschlich. Wenn Sie jedoch über längere Zeit solche negativen Gefühle aufbauen, kann das Selbstwertgefühl sehr darunter leiden. In solchen Fällen müssen unterstützende Maßnahmen schnellstens getroffen werden.

Studi-Tipp: Tageserfolge notieren

Schreiben Sie z.B. am Ende eines jeden Tages zehn Aspekte auf, die Sie erledigt haben: 1) fünf Artikel gelesen und zusammengefasst, 2) Ablagesystem optimiert und dabei drei Ordner zusammengefasst usw. Eine weitere Maßnahme zur Kennzeichnung eigener Tageserfolge wäre, einen gelungenen Moment mit dem Handy zu fotografieren. Sehen Sie sich das Bild am Abend noch einmal an und sagen zu sich, dass Sie etwas Tolles erreicht haben. Kleinste positive Erinnerungen an Ihre Fähigkeiten können ein Motivationsschub sein.

Studi-Tipp: Ziele überprüfen

Prüfen Sie, ob Ihre Zielformulierungen vielleicht nicht zu ambitioniert waren. Eventuell müssen Sie Ziele flexibel umformulieren. Demotivieren Sie sich in Zukunft nicht selbst mit den Zielformulierungen. Ambitioniert ja, überambitioniert: Nein.

4.6 Ordnung

4.6.1 Grundlagen zur Ordnung im Studium

Ordnung ist das halbe Studienleben

Damit Lerntechniken oder auch Lesetechniken (vgl. Kap. 4.2 und 5) Erfolg haben, muss eine geordnete Vororganisation beachtet werden. Deshalb sind geeignete Maßnahmen zu treffen, um sich auf das Lernen einzustimmen. Ein erster Schritt kann ein festgelegter Rhythmus zur Gewährleistung eines guten Lernstarts sein (vgl. Abb. 29). Das Schild an der Tür soll für die notwendige Ruhe sorgen, damit die Umwelt die Lernzeit auch als solche wahrnimmt. Rituale können zudem ein Getränk auf dem Tisch und das Ausschalten des Handys sein.

Wichtiges muss in die Nähe

Regelmäßig gebrauchte Arbeitsmaterialien sollten direkt am Arbeitsplatz sein. Andererseits gehören Unterlagen, die nur Ablenkung bewirken, nicht auf den Schreibtisch. Vom Schreibtisch verbannt ist also z.B. das aktuelle Kinoprogramm oder die Tageszeitung. Verschiedene Stifte, eine Schere, Büroklammern usw. haben dagegen auf der Schreibtischfläche oder einem Regal direkt am Schreibtisch ihren

Platz. Allgemein sollten in die Schreibtischschubladen Gegenstände gelegt werden, die jede Woche oder zumindest jede zweite Woche zu Studienzwecken einmal in die Hand genommen werden.

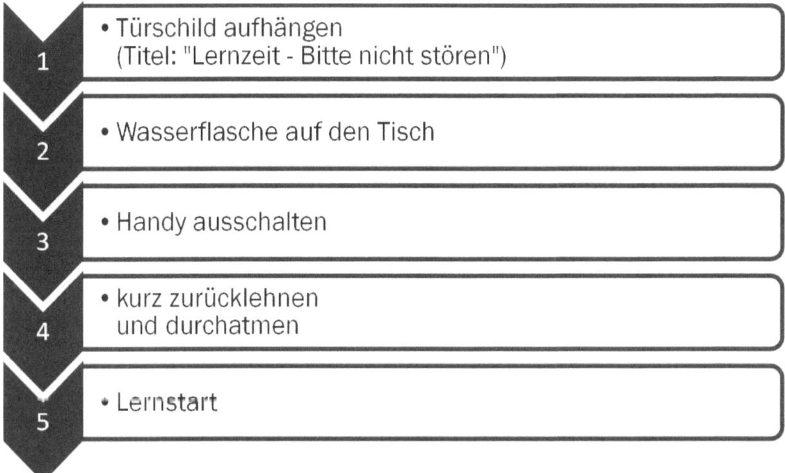

Abb. 29: Fixe Lernrituale für einen guten Lernstart

Aufräumen bringt mehr

Wenn die Tagesarbeit beendet ist, sollte der Schreibtisch aufgeräumt werden. Geschirr oder ähnliches hat nach dem Arbeitstag dort nichts mehr zu suchen. Inwieweit der Schreibtisch und dessen Umfeld freigeräumt sein sollen, darüber existieren sehr unterschiedliche Ansichten. Wichtig ist allerdings, dass Sie einen Überblick über die einzelnen Stapel haben und diese gut sortiert sind. Ist dies nicht der Fall, entsteht viel Suchzeit, die besser für das Lernen verwendet würde. Der Schreibtisch und seine Umgebung sollten auf jeden Fall so viel Platz bieten, dass man sich ausbreiten und seine Stapel überhaupt organisieren kann. Der Wunschgedanke, dass man Wichtiges auf dem Schreibtisch schon nicht vergessen wird, ist eine oft einfältige Annahme: Sobald eine Reihe von anderen, ebenfalls vermeintlich wichtigen Unterlagen darüber liegt, geht der Erinnerungseffekt verloren. Auch Arbeitsmaterialien oder Unterlagen aus der Ablage sollten auf dem Schreibtisch oder im Arbeitsraum nicht wild herumliegen, sondern nach der Verwendung wieder richtig einsortiert werden.

An die Sortierung der Unterlagen denken

Es empfiehlt sich, ein Ablagesystem zu entwickeln. Am Anfang reichen sicher die **Briefkörbe „Eingang“**, **„Bearbeitung“** und **„Ablage“**. Die Dokumente im Eingang hat man noch nicht näher angesehen. In Bearbeitung finden sich Dokumente, die noch nicht abschließend erledigt worden sind. Um die Bearbeitung zu beenden, müssen z.B. noch weitere Informationen beschafft werden. In der Ablage sind Dokumente, die sortiert und in Ordner oder Hängeregister abgelegt werden müssen. Ideal ist, jeden Abend die Ablagefächer final zu bearbeiten, um sie weitmöglichst zu leeren.

Abb. 30: Briefkorbsystem

Aufzeichnungen managen

Oft sind die eigenen Aufzeichnungen über einen gelesenen Aufsatz oder ein gelesenes Buch so schlecht gestaltet, dass sie im Nachhinein unbrauchbar sind. Dies kann an unleserlicher Schrift oder stark abgekürzten Sätzen und Sachverhalten liegen.

Studi-Tipp: Hohes Niveau anstreben

Um oben genannte Unannehmlichkeiten zu vermeiden, reicht oft die Vorstellung, dass man die Kernaussagen einem Kommilitonen vorstellen will, der selbst z.B. eine Prüfung gewissenhaft vorbereitet. Nehmen Sie zudem an, dass diesen Kollegen eine vorbildliche Quellenaufzeichnung auszeichnet und Sie dessen Niveau anstreben.

4.6.2 Ablagesysteme

Ablage in Ordnern oder Hängeregistern

Das am meisten genutzte Ablagesystem von Dokumenten ist die Ablage in **Ordnern**. Eine Alternative wären **Hängeregister**, in die eine Vielzahl von Mappen gehängt und gelagert werden können. Hängeregister sind platzsparender als Ordner und leichter zu organisieren. Dort lassen sich gleichartige Unterlagen für ganze Fächer oder Fachgruppen ordnen, wobei sogar eine Hierarchie gebildet werden kann. Denken Sie aber daran, die Hängemappen ebenso wie Ordner treffend zu beschriften, damit keine langen Suchzeiten aufkommen. Die Verwendung von unterschiedlichen Ordner- oder Hängeregisterfarben trägt wesentlich zur Übersichtlichkeit bei, z.B. nach Themengebieten (z.B. für BWLer: Marketing, Makroökonomie usw.). Um unterschiedliche Dokumente (etwa Lehrveranstaltungen) in einem Ordner zu unterscheiden, sollten Trennblätter eingefügt werden. Neu hinzukommende Unterlagen können gut in die existierenden Hängeregister oder Ordner einsortiert oder in einem neuen Register angelegt werden. Es empfiehlt sich, alle Arbeitsmaterialien in kleiner Menge auf Vorrat zu haben, also Ordner oder Hängeregister respektive beide. Ebenso sollten Trenn- und Beschriftungsblätter zur Reserve vorhanden sein.

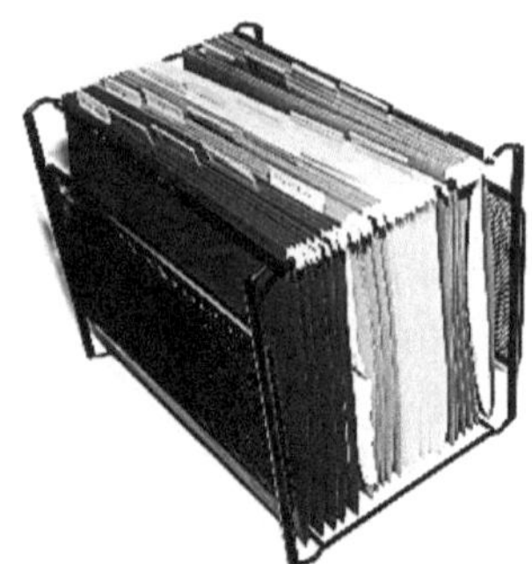

Abb. 31: Hängeregister

Studi-Tipp: Nicht zu viel abheften und -legen

Ordner und Hängeregister, die sie aktuell nutzen, sollten nicht voll gefüllt sein. Bei Hängeregistern fällt dann nämlich leicht etwas heraus. Beim Ordner bereitet das Ein- und Ausheften bei übermäßig großem Inhalt Probleme. In Zeiten hoher Anspannung kann das Abheften der Unterlagen ganz gehörig auf die Nerven gehen. 70–80 % Füllmenge sollten Ihnen genug Spielraum lassen und ein zu großes Aufregen vermeiden.

Grundregeln für das Ablagesystem

- Ablage passend beschriften
- unterschiedliche Farben für Themengebiete suchen
- bei Blickkontakt lesbare Beschriftung
- periodisch kontrollieren und aussortieren
- entnommene Unterlagen sollen sofort nach Verwendung wieder einsortiert werden
- Arbeitsmaterialien müssen in Reserve sein

Abb. 32: Grundregeln für Ablagesysteme

4.6.3 Personal Computer

Der PC ist keine ordnungsfreie Zone

Auf dem PC sollten Sie eine konsequente und strukturierte Datenablage sicherstellen. Basis dafür ist erst einmal das Nachdenken über eine sinnvolle Struktur von Laufwerken, Ordnern und Unterverzeichnissen. Der Hochschule sollte dabei ein eigener Ordner gewidmet werden – mit z.B. Unterpfaden „Veranstaltungen", „Prüfungsamt", „Allgemeines" oder „Lerntagebuch". Ihre Strukturierung sollten Sie immer wieder auf die Zweckmäßigkeit prüfen und gegebenenfalls Anpassungen vornehmen. Trennen sollten Sie unbedingt den Ordner „Privat", in dem Sie rein Persönliches ablegen, z.B. mit den Unterordnern „PKW", „Bilder" oder „Musik". Denkbar wäre z.B. folgende Grundordnerstruktur:

Beruf_und_Bewerbungen

- Anschreiben
- Bewerbungsbilder
- Lebenslauf
- Vorstellungsgespräche
- Zeugnisse

Privates

- Bilder
- Finanzen
- Musik
- PKW
- Versicherungen

Studium

- Allgemeines
- Bafög-Förderungen
- Lehrveranstaltungen
- Prüfungsamt

Sichern ist alles

Es empfiehlt sich, das Betriebssystem (z.B. Windows), Programme und Dokumente aus Sicherheitsgründen auf unterschiedlichen Laufwerken zu speichern. Ideal sind zwei Festplatten oder zwei Partitionen auf einer Festplatte. Aber auch die externe Speicherung ist eine wichtige Alternative. Aus leidvollen Erfahrungen mit Datenverlusten sind meine Daten zusätzlich auf zwei externen Festplatten gesichert – eine ist in meinem Büro, die andere zu Hause. Als Studierender sollten Sie einen Datenträger bei Freunden oder den Eltern ablegen. Die Nutzung einer Cloud-Lösung im Netz ist ebenfalls eine Alternative. Neue Sicherheitskopien sollten monatlich fix auf jedem Datenträger erfolgen. Sichern Sie am besten auch Ihre E-Mails regelmäßig, inklusive einer übersichtlichen Archivierung von gesendeten und empfangenen Mails.

> **Studi-Tipp: Cloud nutzen**
>
> Unter der Adresse http://www.cloudsider.com/ oder https://trusted.de/cloud-speicher finden sich einige Cloud-Speicher, von der kostenlosen Alternative bis zur Business-Lösung.

Unmengen von eingehenden E-Mails vermeiden

Lesen kostet Lernzeit, unwichtigen Mails sollten Sie sich daher erst gar nicht widmen. Der Spam- oder Junk-Filter sollte so konfiguriert werden, dass ungeliebte Werbenachrichten automatisch aussortiert werden. Die unerwünschten Adressen, die nicht vom Spamscanner erkannt werden, sollten in Ihre Black List eingetragen werden. Den Spam-Ordner sollten Sie trotzdem immer mal wieder kurz checken, um zu prüfen, ob hier nicht unbeabsichtigt wichtige Nachrichten reingerutscht sind.

5 Mit zweckmäßigen Strategien zum erfolgreichen Lesen

Zentrale Ziele dieses Kapitels

- Kursorisches, selektives und studierendes Lesen unterscheiden
- Lesestrategien im Studium zweckmäßig anwenden
- Alternativen entwickeln, um das Gelesene sinnvoll festzuhalten
- Fähigkeit entwickeln, Prüfungsaufgaben richtig zu interpretieren
- Relevanz von guten Lesebedingungen kennenlernen

5.1 Informationen zum Lesen im Studium

Lesen als Kerntätigkeit des Studiums

Studierende verbringen sehr viel Zeit mit Lesen – ein Drittel bis die Hälfte ihres Studiums ist wohl zu veranschlagen. Im Folgenden geht es um Ziele und den Prozess des wissenschaftlichen Lesens – kurz um den Umgang mit Fachliteratur. Diese ist gewöhnlich weit schwerer zu lesen und zu verstehen als Trivialliteratur. Aus diesem Grund eignen sich herkömmliche Lesetechniken zum optimalen Textverständnis weniger gut. Im Folgenden werden Lesearten differenziert, die bei der Bearbeitung von Fachliteratur angewandt werden, und Methoden vorgestellt, um die Lesefähigkeiten zu verbessern. Danach werden Möglichkeiten zum Festhalten von wichtigen Informationen in den Texten vorgestellt.

An die richtige Auswahl denken

Bevor es überhaupt an das Lesen geht, müssen Sie sich in quantitativer Hinsicht überlegen, was Sie lesen wollen und welche Lesestoffmenge Sie verarbeiten können. Alle Lesetipps haben nur wenig Sinn, wenn Sie sich Unmengen als Lesestoff abverlangen. Es sollten also nur diejenigen Inhalte ausgewählt werden, die auch studien- und prüfungsrelevant sind oder die einen brennend interessieren – vielleicht weil Sie sich ein tieferes Verständnis von der Materie wünschen.

5.2 Lesearten

Welche Lesearten sind zu unterscheiden?

Im Wesentlichen sind drei grundlegende Lesearten zu differenzieren (vgl. Abb. 33).

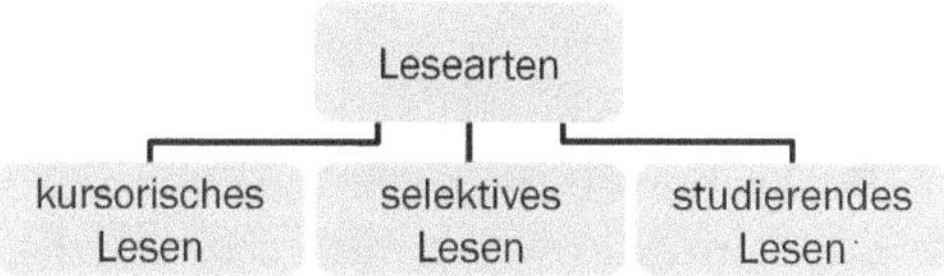

Abb. 33: Darstellung unterschiedlicher Lesearten

5.2.1 Kursorisches Lesen

Die Orientierung ist gefragt

Kursorisches Lesen dient dazu, einen Überblick bzw. eine Orientierung über eine Quelle zu gewinnen. Der Text sollte also nur überflogen werden, um zu erfahren, wovon die Lektüre handelt. Eine tiefere Analyse der Argumentationslinie bleibt aus. Der Leser oder die Leserin schauen lediglich etwas genauer auf die Autorenschaft und den Titel der Arbeit, um zu sehen, ob der Text relevant ist. Der Konzentrationsgrad kann aufgrund der oberflächlichen Analyse im mittleren Bereich liegen. Eine grundlegende Einschätzung des Textes kann mit Hilfe von folgenden Fragen geschehen: Ist der Text

- im direkten Zusammenhang zum Studium und Lernstoff?
- verständlich geschrieben?
- zu ergänzen durch weitere Literatur?

Speed Reading als Form des kursorischen Lesens

Beim Speed Reading versuchen Sie, wissenschaftliche Aufsätze mit hoher Geschwindigkeit zu verstehen. Die in den 1970er Jahren von Tony Buzan (2020) entworfene Methode beruht auf der Erkenntnis, dass das Gehirn den aufgenommenen Text bei höheren Geschwindigkeiten (ab 400 Wörter pro Minute) wesentlich besser verarbeitet als bei normaler Lesegeschwindigkeit (ca. 200 Wörter pro Minute) (Buzan 2020). Lesende sollen dabei versuchen, die Augenbewegung so zu trainieren, dass eine Quelle schneller verstanden werden kann – ohne ein ständiges Zurückkehren zu Wörtern, Sätzen oder Absätzen, von denen sie annehmen, sie nicht oder nur teilweise verstanden zu haben. Die Augen müssen beim Lesen also „vorwärts gedrängt" werden; blicken Sie dabei nicht zurück. Unterstützend wirken kann dabei eine Lesehilfe, die das Vorankommen im Text lenkt und somit förderlich für Konzentration und Aufmerksamkeit ist.

Studi-Tipp: Lesehilfen suchen

Ein Bleistift, ein Finger, eine Stricknadel oder ein Essstäbchen können Lesehilfen darstellen. Chinesische Essstäbchen eignen sich besonders, da sie gut in der Hand liegen, günstig sind und keine Spuren auf dem gelesenen Papier hinterlassen.

Studi-Tipp: Digital geht es auch

Durch interaktive Speed-Reading-Übungen versucht die App „Schneller Lesen" spielerisch die Lesegeschwindigkeit, Aufnahme- und Merkfähigkeit zu optimieren. „Schneller lesen" wurde diesbezüglich von der Stiftung Warentest als Testsieger ausgezeichnet. Die App passt sich im Schwierigkeitsgrad der Leistung an. Auf einem Tablett sind die Übungen allerdings effektiver als auf dem Smartphone durchzuführen. Dies liegt darin begründet, dass die Schriftgröße so näher an normalen Text aus Büchern oder Zeitschriften herankommt. Die App ist für iOS und Android gegen wenige Euro verfügbar.

https://apps.apple.com/de/app/schneller-lesen/id406388984

https://play.google.com/store/apps/details?id=com.heku.reading trainer

5.2.2 Selektives Lesen

Analysekriterien sind gefragt

Beim **selektiven** Lesen gehen die Lesenden nach einem bestimmten Kriterium vor, d.h. sie suchen nach demjenigen, was interessiert. Alles andere lassen sie bei dieser sehr rationellen Leseweise beiseite. Der bekannte Text wird z.B. nach quantitativen Informationen abgesucht. Logischerweise variiert das Lesetempo bei der Suche sehr, da Unwichtiges überflogen werden kann, bei Relevantem muss die Geschwindigkeit dann stark reduziert und genauestens gelesen werden. Um diese Arbeit zu leisten, ist ein hoher Konzentrationsgrad wichtig. Ein Fragenkatalog kann eine grundlegende Orientierung für das selektive Lesen leisten.

Fragen, die **vor** dem Lesen zu beantworten sind:

- Was weiß ich schon? (eigenes Vorwissen)
- Was suche ich genau? (Einschränkung der Suche)
- Welcher Aspekt ist mir wichtig? (eigenes Lesemotiv)

Fragen, die **während** des Lesens zu beantworten sind:

- Wovon handelt der Text; entspricht er den Suchkriterien? (Thema/Problemstellung)
- Was sagt der Text über das Gesuchte aus? (Aussage)
- Welche Absicht verfolgt der Text dabei? (Ziel/Intention)

5.2.3 Studierendes Lesen

Vertiefte Analyse ist gefragt

Studierendes Lesen beinhaltet eine systematische und vertiefte Analyse von Fachtexten. So werden etwa Textausschnitte (einzelne Kapitel) zur gleichen Thematik aus verschiedenen Büchern gelesen und miteinander verglichen. Um fremdsprachige, speziell englischsprachige Texte kommt man dabei in vielen Fällen nicht herum. Aber auch die komplexe Fachliteratur ist leichter zu handhaben, wenn Sie gezielt Anknüpfungspunkte in Ihrem mentalen Netzwerk finden (vgl. Kap. 4.1). Schon mit der Überschrift des Gesamttextes können Sie mit Hilfe folgender grundlegenden Fragen erste Vernetzungen bilden:

- „Was weiß ich bereits zu dem in der Überschrift titulierten Thema?"
- „Welcher Inhalt könnte mich erwarten?"

- „Welche Forschungsfragen werden geklärt?“
- „Was sagen mir die dort erwähnten Begriffe?“

Für das Vorgehen sollte kein langer Zeitrahmen angesetzt werden, meist reicht ein kurzes Brainstorming. Sie können die Fragen und Lösungen auch stichpunktartig notieren, um Sie nach dem Lesen nochmal durchzugehen. Nachdem die gestellten und beantworteten Fragen Ihren Verstand geschärft haben, können Sie nun den ganzen Text professionell durch eine besondere Lesetechnik verinnerlichen. Thomas und Robinson (1972) schlagen die PQ4R-Methode als eine aktive Lesemethode vor, die sich gerade bei komplexen Texten perfekt anbietet.

PQ4R-Methode als Form des studierenden Lesens

Der Name **PQ4R-Methode** leitet sich aus den (englischen) Anfangsbuchstaben ihrer sechs Phasen ab: Preview, Question, Read, Reflect, Recite, Review (vgl. Tabelle 13). Zentrales Merkmal von PQ4R ist das Generieren und Beantworten von Fragen zum Text als Voraussetzung für das Textverständnis, um passives Lesen zu verhindern. Wissenschaftliche Studien belegen, dass das eigenständige Fragenstellen an den Text die Behaltensquote bei der Texterfassung am deutlichsten unterstützte.

Phase	Bezeichnung	Beschreibung
1	**Preview** Vorprüfung	Der Text wird quergelesen, d.h. alle Kapitel werden überflogen. Es soll einen Überblick über das Thema des Textes, die Gliederung der Kapitel bzw. die Abschnitte und Überschriften gewähren. Falls noch keine Überschriften vorhanden sind, soll der Leser selbst Überschriften für die einzelnen Abschnitte formulieren. Man kann dabei schnell erkennen, ob ein Text den grundlegenden Erwartungen genügt.

2	**Questions** Fragen	Nun sollen Fragen zu den kategorisierten Abschnitten formuliert werden. Häufig reicht eine Umformulierung der Abschnittsüberschriften, um eine passende Frage zu stellen. Indem man die Fragen stellt, tritt man quasi in einen Dialog mit dem Autor.
3	**Read** Lesen	Im dritten Schritt wird der Text sorgfältig gelesen, die Fragen werden beantwortet. Zudem werden wichtige Passagen markiert und zusätzlich auftretende Fragen zum Text notiert. Prägnante Zeichen können unterstützend wirken (vgl. Tabelle 14).
4	**Reflect** Nachdenken	Hierbei geht man den Text gedanklich noch einmal durch und analysiert ihn, um ihn richtig zu verstehen. Die Suche nach zusätzlichen nützlichen Beispielen für bestimmte Zusammenhänge kann helfen, bessere Bezüge zum Text herzustellen.
5	**Recite** Wiedergeben	Danach kann man den Text beiseitelegen und sich an die Informationen erinnern. Es wird versucht, die gestellten Fragen ohne Rückgriff auf den vorliegenden Text zu lösen. Nur wenn Probleme bei der Beantwortung entstehen, sollten die entsprechenden Abschnitte noch einmal durchgelesen werden. Ein schriftliches Festhalten kann die Behaltensquote nochmals steigern.
6	**Review** Rückblick	Im letzten Schritt werden die zentralen Gesichtspunkte in Erinnerung gerufen. Eventuell können auch die gestellten Fragen erneut beantwortet werden. Es sollte auch beurteilt wer-

		den, ob weitere, vertiefende wissenschaftliche Texte zu recherchieren sind oder ob bestehende Lücken geschlossen werden konnten.

Tab. 13: Schritte der PQ4R-Methode

Wie kritisch ist der Einsatz der Methode zu beurteilen?

Vorteilhaft an der PQ4R-Methode ist, dass sie sich leicht erlernen lässt und die einzelnen Schritte klar und verständlich formuliert sind. Die auf den ersten Blick sehr mühsam erscheinende Methode ermöglicht eine deutliche Verbesserung der Leseeffizienz von Fachliteratur. Dies bedarf allerdings der konsequenten Anwendung und Übung. Eine einmalige Anwendung führt wohl eher nicht zu einem Effizienzvorteil. Bei umfangreichen Büchern lässt sich die Methode in der Form nicht anwenden. In dem Fall sollte das Buch in Abschnitte aufgeteilt werden, die Schritt für Schritt bearbeitet werden. Neben der PQ4R-Methode existiert übrigens eine Vielzahl vergleichbarer Ansätze, die sich leicht über *google* finden lassen.

Den Hintergrund entdecken

Beim Lesen von Lehrbüchern oder Monographien bietet sich eine **Hintergrundrecherche** an. Mit einer Recherche im Netz, in Datenbanken oder anderen Lehrbüchern wird der gelesene Inhalt in einen umfassenderen zeitlichen, gesellschaftlichen und wissenschaftlichen Zusammenhang gebracht. So lässt sich das Thema besser erschließen, da zugrundeliegende Zusammenhänge erfasst werden können. Daraus resultieren eine Vernetzung und Systematisierung des Gesamtwissens, was wiederum Basis für das bessere Verständnis künftiger Texte ist.

5.3 Gelesenes festhalten

Es passiert immer wieder

Ein immer wiederkehrendes Problem beim Lesen von Fachtexten liegt im Literatur-Management. Schon ein paar Tage nach dem Durchlesen ist die Erinnerung über den Inhalt verblasst. Die gelesenen Quellen müssen also in irgendeiner Form tiefer bearbeitet werden. Hierfür bieten sich eine sprachliche Fixierung und eine Visualisierung der grundlegenden Informationen an. Als Visualisierungshilfe eignen sich z.B. **Mind-Maps** (vgl. Kap. 4.2.1). Fraglich ist im nächsten Schritt, wo das Gelesene festgehalten wird und welche Hilfsmittel dabei zum Einsatz kommen. Diese Frage wird im weiteren Verlauf dieses Kapitels noch geklärt. Vorab ist das Gelesene aber zu kennzeichnen, womit wichtige Passagen für Zusammenfassungen herausgestellt werden.

5.3.1 Textkennzeichnungen

Kennzeichnungen müssen sein

Textkennzeichnungen können bei der Strukturierung des Gelesenen helfen. Besonders gut anwendbar sind sie beim studierenden Lesen. Grundlegendes Ziel ist es, die Schlüsselbegriffe und Hauptgedanken eines Textes zu erkennen sowie den gedanklichen Aufbau herauszuarbeiten. In Tabelle 14 findet sich eine Auswahl möglicher Randbemerkungen, wie Abkürzungen, Symbole und besondere Kennzeichen. Schränken Sie sich aber ein, viele Notizen sorgen für Chaos. Die wirkliche Kunst besteht darin, sich auf das Zentrale zu konzentrieren.

Zeichen	Anwendung
B	Wenn im Text ein gutes Beispiel zur Erklärung gefunden wird, hilft ein „B“ am Rand zum Wiederfinden.

?	Unklare oder zweifelhafte Textpassagen können gut mit einem Fragezeichen markiert werden.
➡	Wenn man einen Sachverhalt prüfen oder einem Gedanken nachgehen will, ist der Seitenpfeil eine gute Option zur Kennung.
!	Als wichtig identifizierte Textteile können mit einem Ausrufezeichen angezeigt werden.
Z	Ein kleiner (farbiger) Kreis oder ein „Z“ kann eine gelungene Alternative sein, um eine Zusammenfassung innerhalb des Textes herauszustellen.
+	Mit einem Plus- oder auch Minus-Zeichen kann man dokumentieren, ob man die Meinung des Autors teilt oder ablehnt.
T	Thesen aus gelesener wissenschaftlicher Literatur können für die eigene Studie meist gut genutzt werden, eine „T“-Kennzeichnung lohnt daher.
=	Definitionen eignen sich gut für Zitate in wissenschaftlichen Arbeiten. Daher sollten sie unbedingt mit einem „D“ oder „=“markiert werden.
⬌	Wenn Sie im Text Widersprüche oder Gegensätze vorfinden, eignet sich der Doppelpfeil als Kennzeichnung.

Tab. 14: Zeichen zur Identifikation besonderer Textpassagen

Farbe und Symbole ins Spiel bringen

Zur besseren Aufbereitung des Textes können die wertvollsten Passagen farbig hervorgehoben und mit Randbemerkungen versehen werden, um eine schnellere Orientierung beim nächsten Lesen zu finden. Zudem steigert eine visuelle Hervorhebung das Behalten, allerdings nur, wenn mit Randbemerkungen und Unterstreichungen sparsam umgegangen wurde. Beim Markieren kommt es leider immer wieder zu einem beliebten Fehler, den ich in rund jedem vierten studentischen Dokument beobachte: Es wird zu viel markiert und an den Rand geschrieben. Dieses Vorgehen liegt besonders nahe, wenn man schon beim ersten Lesen markiert. Auf den ersten Blick erscheinen nämlich fast alle Sätze oder Begriffe wertvoll. Deren Stellenwert relativiert sich im Gesamtkontext, nachdem alles gelesen ist. Das Resultat ist, dass der Zweck des Anstreichens als Strukturierungs- und Behaltenshilfe verloren geht. Es ist also sinnvoll, sparsam und gezielt zu markieren. Ein fast gänzlich markierter Text ist kontraproduktiv. Markieren ist beim ersten Lesen also zwingend zu unterlassen. Ebenso bringt zeilenweises Unterstreichen wenig: Ein Längsstrich am Rand des Textes ist passender, wenn zwei und mehr Zeilen zu markieren sind. Im nächsten Durchgang können dann bei genauerer Textkenntnis einzelne Begriffe und Wendungen in dem so markierten Abschnitt hervorgehoben werden. Bedeutende Wörter und einzelne Textpassagen können durch Unterstreichungen oder Symbole durch einen Stift hervorgehoben werden.

Symbol	Anwendung
unterschlängeln	fragwürdige, widersprüchliche oder unverständliche Passagen
einkreisen	bedeutender Begriff
einkasteln	sehr bedeutender, absolut zentraler Begriff

Tab. 15: Symbole für einzelne Zusammenhänge

Stichwortverzeichnis anlegen

Beim Bearbeiten wissenschaftlicher Artikel oder Bücher kann das Anlegen eines eigenen Stichwortverzeichnisses auf der ersten oder letzten Seite der Quelle hilfreich sein. Das Wiederfinden der relevanten Passagen ist damit stark vereinfacht. Ein zusätzliches Post-it an der Stelle kann die zeitliche Suche noch weiter reduzieren. Ich würde dies aber nur anwenden, wenn nicht eine zu große Zahl an Post-its verwendet wird.

5.3.2 Zusammenfassungen

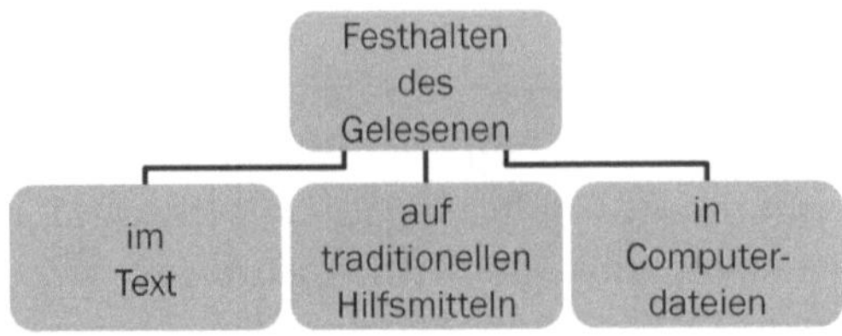

Abb. 34: Alternativen zum Festhalten des Gelesenen

Zusammenfassungen geben Struktur

Zusammenfassungen helfen, dem Text eine Struktur zu geben und das nachhaltige Lernen zu fördern. Ferner kommt es zu einer Stoffreduktion, weil nur die Kernelemente aus dem Text herausgefiltert werden. Als einfachste Lösung erscheint, die Zusammenfassung im Text oder am Ende der (ausgedruckten) Quelle zu leisten. Wenn die Quellen nicht beidseitig ausgedruckt wurden, kann zudem die Rückseite der letzten Textseite genutzt werden. Um das Wiederholen zu gewährleisten, können Zusammenfassungen auf Karteikarten oder einem Notizblock angefertigt werden. Gründliches Wiederholen unterstützt den Informationstransfer in das Langzeitgedächtnis.

Traditionelle Hilfsmittel für Exzerpte

Traditionelle Hilfsmittel stellen Karteikarten oder Arbeitsblöcke dar. Beides geht aber gerne einmal verloren. Allerdings hat man diese Mittel in der Regel stets in der Tasche und kann sie gut nutzen. Die Karteikarten erlauben nachträglich sogar eine Sortierung der Quellen und können übersichtlicher gestaltet werden als der Arbeitsblock. Letzterer bietet jedoch mehr Schreibfläche für die Informationen und eignet sich daher auch gut für Visualisierungen des Textes. Sie können Karteikarten auch fotografieren und auf dem Handy parat haben.

Word- oder Excel-Datei

In Dateien lassen sich die gewonnenen Informationen aus dem Text eingeben und auch sortieren. In Word stehen zudem Diagramme, SmartArt oder Textfelder zur Verfügung. Auf dem Tablet lassen sich die Zusammenfassungen gut reflektieren und lernen.

Evernote als digitale Schnelllösung

Evernote ist eine Notizen-App in Form von Text, Sprache oder Bild. Die App ist anwendbar auf allen gängigen Betriebssystemen für Tablets, Desktops und im Browser. Von den Funktionen ist es vergleichbar mit OneNote. Es können separate Notizbücher angelegt und mit Schlagworten versehen werden. Die passenden Themen können leicht über eine Suchfunktion wiedergefunden werden. Die Speicherung der Daten erfolgt in der Cloud auf den Servern von Evernote. Sie müssen also keine Synchronisation selbst einrichten. Notizen oder ganze Notizbücher können für andere Benutzer freigegeben werden – so können Sie Ihre Zusammenfassungen leicht mit Mitstudierenden teilen.

5.4 Lesebedingungen

Den Start optimieren

Bevor die Lerntätigkeit (z.B. Lesen von Fachliteratur) gestartet wird, sollte sich der Leser bestmöglich darauf einstellen und optimale **Lesebedingungen** ermöglichen (vgl. Kap. 3.3). Dazu gehört die Wahl eines geeigneten Leseortes und einer passenden Lesezeit. Letztere ist relevant, weil nicht jeder Zeitpunkt die beste Konzentrationsfähigkeit garantiert. Der Text sollte dabei gut ausgeleuchtet sein, ohne dass das Blatt blendet. Nicht zu vergessen ist, eine aufrechte Körperhaltung einzunehmen (vgl. Kap. 6.3). Fehlt diese, können mangelnde Konzentration oder Schmerzen die Folgen sein. Um die optimale Konzentration zu garantieren, sollten Sie sich nicht mit Hunger ans Lesen begeben. In dem Fall würden Sie nur an eine Mahlzeit denken. Nach einem sättigenden Mahl sollten Sie ebenfalls nicht gleich mit dem Lesen komplexer Themen beginnen – sonst gewinnt die Müdigkeit geschwind überhand. Zu guter Letzt können kleine Rituale eine gute Lesestimmung bedingen, z.B. zum Lesebeginn seinen Lieblingscappuccino zu trinken.

Herausforderung formulieren

Es sollte ein gewisser Leseumfang in einer bestimmten Zeit mit Rückgriff auf eine Zielformulierung (vgl. Kap. 2.5) eingeplant werden, wie z.B. das Anlesen von zwanzig Journal-Aufsätzen in zwei Stunden, um einen Überblick über ein Themengebiet zu erhalten. Mit dieser Festlegung soll ein Rahmen geschaffen werden, der beim Auftreten von Leseproblemen jedoch flexibel zu handhaben wäre, gleichzeitig aber einen gewissen Grad an Motivation garantiert. Zwanzig Journal-Artikel erscheinen zwar viel, aber Sie wollen diese ja nur „anlesen". Mit der zeitlichen Vorgabe schützen Sie sich vor der Versuchung, gleich alles tief zu lesen. Ihre Neugier kann dann zu einem späteren Zeitpunkt gestillt werden.

5.5 Prüfungen richtig lesen

Übliche Fehler vermeiden

In der Regel bereiten sich Studierende auf Prüfungen intensiv vor. Es entwickelt sich sogar teils fast eine Art „Freude", das vorhandene Wissen endlich anwenden und „abladen" zu können. Immer wieder tritt bei der Bearbeitung eine gewisse Hektik und der damit verbundene Flüchtigkeitsfehler auf, Prüfungsaufgaben überhastet und ungenau zu lesen. Die Folge ist, dass die Antworten nicht Ihren selbst gesteckten Zielen und Anforderungen gerecht ausfallen.

> **Studi-Tipp: Mit Leuchtmarker in die Prüfung**
>
> Vor der Bearbeitung der Aufgaben sollte jedes Wort genau gelesen und auf seine Bedeutung geprüft werden. Ein

Textmarker kann hilfreich sein, um den Aufgabentext optisch und sachlich zu strukturieren und wichtige Angaben hervorzuheben. Auf einem Schmierblatt sollten Sie evtl. Zahlen und Fakten noch einmal übersichtlich zusammenstellen, damit diese immer verfügbar sind. Ansonsten entfallen Ihnen die wichtigen Aspekte aus Nervosität im weiteren Prüfungsverlauf.

Formulierungen in Prüfungen

Es existieren einige Formulierungen, die kennzeichnend für Prüfungsaufgaben sind und eine bestimmte Beantwortung der Fragen fordern:

Formulierung	Was soll ich leisten?
analysieren	Einen oder mehrere Aspekte in Bezug auf ein vorgegebenes oder frei zu wählendes Kriterium aufgliedern und ein Zusammenwirken von Teilaspekten aufzeigen.
anwenden	Die Aufgabe ist in der Regel auf eine Theorie oder eine Hypothese bezogen, die man auf ein praktisches Problem beziehen soll.
aufzählen nennen	Hier ist ein reines stichwortartiges Aufzählen ohne Erläuterung gefragt. Falls die zu nennenden Punkte einen chronologischen Ablauf oder eine Hierarchie besitzen, sollte man dieser folgen. Falls Sie z.B. eine bestimmte Anzahl von Kriterien nennen sollten, müssen Sie sich an diese Vorgabe halten.
beschreiben umschreiben	Es handelt sich um eine ausführliche Auseinandersetzung mit einer Thematik in fachlicher Hinsicht, die in ganzen, zusammenhängenden Sätzen zu beantworten ist. Sie sollen bei der Bearbeitung zeigen, dass Sie mit einem Sachverhalt vertraut sind.

diskutieren kommentieren	In diesem Fall soll eine umfassende, argumentative Erläuterung und Prüfung von unterschiedlichen Standpunkten geleistet werden.
erklären erläutern	Es liegt eine ähnliche Ambition wie bei „beschreiben“ vor, wobei das „Wie“, „Wann“ und „Weshalb“ im Vordergrund stehen – also eine Betonung auf Unterschiede, Gemeinsamkeiten, Begründungen bzw. eigene Stellungnahmen.
illustrieren	Dies bedeutet, etwas mit Beispielen zu kennzeichnen.
interpretieren	Es ist ein Zusammenhang zu deuten und in der Regel dabei auch ein eigener Standpunkt hinzuzufügen.
unterscheiden	Bei einer solchen Formulierung sind Unterschiede zwischen einzelnen Aspekten anhand bestimmter Kriterien zu bearbeiten.
zeichnen skizzieren	In diesem Fall ist eine bildhafte Darstellung eines Zusammenhanges gemeint, evtl. mit eigenen Erläuterungen zu der Abbildung.
zusammenfassen	„Zusammenfassen“ bedeutet eine kurze und treffende Bündelung von zentralen Gedanken anzufertigen – ohne dabei groß auf Einzelheiten und Beispiele einzugehen.

Tab. 16: Gängige Formulierungen in Prüfungsaufgaben und ihre Ambitionen (Quelle: eigene Darstellung in Anlehnung an Metzger 2010)

6 Mit guter Ernährung, Erholung und Fitness die Gesundheit bewusst gestalten

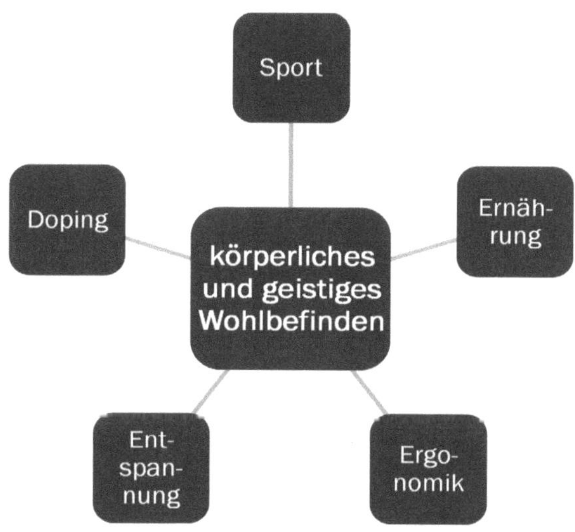

Zentrale Ziele dieses Kapitels

- Grundlegende Elemente einer gesunden Ernährung kennen
- Die Schlafgewohnheiten analysieren
- Die Sitzhaltung beim Lernen optimieren
- Einige Fitnessübungen kennenlernen und anwenden
- Erkenntnis gewinnen, dass „Hirndoping" gefährlich sein kann

6.1 Gesundheit und Ernährung von Studierenden

Die Gesundheit wird gerne vergessen

Geraden in Prüfungszeiten ist bei nahezu jedem Studierenden purer Stress zu verspüren, was schnell zu einer Veränderung der Schlaf-, Fitness- und Ernährungsgewohnheiten führt. Leider werden negative Verhaltensänderungen allzu unüberlegt während der gesamten Studienzeit beibehalten. Beim einen schlägt die Anspannung sogar direkt auf den Magen: Aus Zeitmangel und Überlastung kann er kaum noch etwas zu sich nehmen. Bei anderen hingegen stellt sich ein unstillbarer Reiz nach bestimmten, meist wenig gesunden Speisen ein. Gerade bei Studentinnen zeigt sich in Stressphasen ein überdurchschnittlich hoher Konsum an Süßigkeiten (Habermann-Horstmeier 2008). Interessanterweise ist die allgemeine Gesundheit für Studierende zu Studienzeiten wenig bedeutsam. Das Wohlfühlen oder Glücksempfinden wird nicht wesentlich durch einen gesundheitsförderlichen Lebensstil beeinflusst. Dies mag daran liegen, dass Studierende in jungen Jahren in der Regel wenig mit Krankheiten konfrontiert sind. Die Thematik wird demnach schlichtweg nicht wahrgenommen, was ihr aber nicht die Relevanz nimmt. Daher lohnt sich auch ein Blick auf das Risikoverhalten, das die Gesundheit schädigt und gegebenenfalls die Leistungsfähigkeit einschränkt. Darunter fallen z.B. Rauchen, der Konsum von Alkohol und Medikamenten sowie illegaler Drogen.

Was sagt die Forschung zur Gesundheit der Studierenden?

Das Gesundheitsverhalten von Studierenden wurde in unterschiedlichen Ländern untersucht. In einer deutschen Studie der Techniker Krankenkasse (Grützmacher et al. 2018) wurden mehr als 6000 Studierende unterschiedlicher Fachrichtungen befragt. Dabei sahen die Studierenden ihren Gesundheitszustand subjektiv betrachtet positiv: Nahezu 82 % der befragten Studierenden klassifizieren ihren Zustand als „gut“ oder „sehr gut“. Ein Plus ist auch, dass über 80 % der Studierenden nicht rauchen. Nicht zu verschweigen sind ausgeprägte Tendenzen zu gesundheitsschädigenden Verhaltensweisen. Studierende leben dadurch in vielen Gesichtspunkten ungesünder als Nichtstudierende. Darunter fallen häufiger und exzessiver Alkohol- und Cannabiskonsum. Auch der Konsum von Kokain und psychoaktiven Pilzen ist unter Studierenden weiter verbreitet als bei altersgleichen jungen Erwachsenen, die nicht studieren. Hinzu kommt, dass Studierende weniger Sport treiben. In einer Studie von Keller et al. (2007) wurde ergänzend dazu festgestellt, dass 95 % der Studierenden nicht die für ihre Altersstufe nötige Menge an Früchten und Gemüse essen.

Wie sieht es bei einzelnen Studienrichtungen aus?

Die Verteilung der rauchenden Personen variiert stark mit der Studienrichtung: In der Studie der Techniker Krankenkasse (Grützmacher et al. 2018) gaben 26 % der Studierenden der Fächergruppe Sozialwissenschaften/-wesen/Psychologie/Pädagogik an, gelegentlich oder regelmäßig zu rauchen, während es in der Fächergruppe Mathematik/Naturwissenschaften nur 12,4 % der Studierenden waren. Besonders hohe Werte wiesen auch Studierende der Sprach- und Kulturwissenschaften auf: 22,4 % geben an täglich oder gelegentlich zu rauchen. Bei der Alkoholfrequenz sah es anders aus: Ein hoher Anteil Studierender findet sich unter den Studierenden der Ingenieurwissenschaften (68,3 %), in vergleichsweise geringerem Umfang unter den Studierenden der Fächergruppe Mathematik/Naturwissenschaften (58,3 %). Studierende vieler Studienrichtungen wiesen allgemein problematische Alkoholkonsummuster auf: Sozialwissenschaften/-wesen/Psychologie/Pädagogik (45,5 %), Ingenieurwissenschaften (43,7 %) und Rechts- und Wirtschaftswissenschaften (43,9 %). Die sportlich aktivsten Studierenden fanden sich unter den Fächergruppen Rechts- und Wirtschaftswissenschaften (45,3 %) sowie Ingenieurwissenschaften (43,5 %) mit regelmäßig mindestens zwei Stunden Sport pro Woche.

Anmerkung: Anteil der Studierenden, die mindestens zweimal im Monat Alkohol zu sich nehmen.

Abb. 35: Frequenz des Alkoholkonsums nach Studienrichtung (Quelle: eigene Darstellung in Anlehnung an Grützmacher et al. 2018, S. 133)

Ändert sich das Verhalten im Laufe des Studiums?

Vieles ändert sich nur geringfügig während des Studiums, wie etwa die körperlichen Aktivitäten. Besonders beim Konsum von Alkohol (Grützmacher et al. 2018) zeigte sich jedoch, dass ein problematischer Alkoholkonsum insbesondere ab dem zweiten Studienjahr auftrat (41,3 %) und etwa in gleich hohen Anteilen im vierten (42,9 %) bis siebten Studienjahr (42,3 %) vorherrschte, weniger dagegen im ersten (25,3 %), achten und höheren Studienjahren (35,2 %). Letzteres lässt sich sicher durch die vermehrten und schwereren Prüfungen erklären.

Wie sieht es bei den Geschlechtern aus?

Das Fazit ist einfach: Das Gesundheitsverhalten variiert mit dem Geschlecht. Die Studenten schätzten in Studien ihren eigenen Gesundheitszustand besser ein als die Studentinnen. Demgegenüber stehen aber einige negative gesundheitliche Verhaltensweisen. Männliche Studierende neigen tendenziell eher zum Alkoholkonsum als weibliche. So gaben männliche Studierende zu 68,8 % an, mindestens zweimal im Monat Alkohol zu sich zu nehmen, unter den weiblichen Studierenden waren es 59,5 % (Grützmacher et al. 2018). Ebenso neigten männliche Studierende mit 49,3 % eher zum Konsum von Cannabis als weibliche Studierende (41,8 %). Kokain, Ketamin und psychoaktive Pilze wurden ebenfalls häufiger von männlichen als von weiblichen Studierenden konsumiert. Daneben konsumierten die Studenten weniger Früchte und Gemüse (Keller et al. 2007) und rauchten mehr als die Studentinnen. In den sportlichen Aktivitäten waren sie den Studentinnen jedoch überlegen. Der Unterschied hinsichtlich ihrer körperlichen Aktivität zwischen männlichen (29,1 %) und weiblichen (24 %) Studierenden war statistisch gesehen signifikant. Auch der Konsum von Schmerzmitteln war teils bedenklich beim weiblichen Geschlecht. 43,1 % der männlichen Studierenden und mehr als zwei Drittel der weiblichen Studierenden (67,9 %) gaben an, dass sie im Monat vor der Befragung der Techniker Krankenkasse Schmerzmittel zu sich genommen haben. Studentinnen zeigten deutlich häufiger einen riskanten Schmerzmittelkonsum (5,5 %) als Studenten (2,8 %).

Existieren Differenzen zwischen Fachhochschule und Universität?

Tatsächlich gibt es ein paar kleinere Unterschiede im Gesundheitsverhalten: Studierende an Universitäten rauchten der Studie der Techniker Krankenkasse nach beispielsweise mit 16,6 % seltener als Studierende an Fachhochschulen mit 22,2 %. Studierende an Fachhochschulen gaben hingegen im Mittel auch weniger krankheitsbedingte Fehltage als Studierende an Universitäten an.

Was beeinflusst sonst noch das Gesundheitsverhalten?

Neben den genannten Aspekten war noch die Wohnsituation entscheidend (Keller et al. 2008): In Wohnheimen und WGs war ein stärkerer Alkoholkonsum zu messen. Eine erhöhte Neigung zum Alkohol war übrigens allgemein mit anderen negativen Verhaltensweisen wie Rauchen, Cannabisgebrauch, unzureichendem Essen von Früchten und Gemüse verbunden.

Wie sieht es anderorts aus?

Die Studienergebnisse sind kein exklusives deutsches Phänomen. Britische Forscher beobachteten ähnliche Gegebenheiten bei ihren Studierenden (Dodd et al. 2010).

6.2 Ernährungstipps

6.2.1 Essen und Trinken

Zur gesunden Ernährung im Allgemeinen

Eine interessante Studie zur Wirkung von Nahrungsmittel veröffentlichte Gómez-Pinilla (2008) im Fachjournal „Nature Reviews Neuroscience". Der Forscher analysierte über 160 Studien zu der Thematik und kommt zu dem Ergebnis, dass eine ausgewogene Ernährung sowie regelmäßige Bewegung das Gehirn vor Vergesslichkeit und psychischen Krankheiten schützen kann. Gut dokumentiert ist etwa der Einfluss der **Omega-3-Fettsäuren** auf das Gehirn. So sind beispielsweise Depressionen in Ländern, in denen traditionell viel Fisch gegessen wird (z.B. Japan), außergewöhnlich selten. Omega-3-Fettsäuren sind vor allem in fettreichen Fischsorten wie Lachs, Thunfisch oder Makrele enthalten, außerdem in Lein-, Hanf-, Raps- und Walnussöl. Dunkle Früchte und Kakao schützen durch so genannte Flavonoide vor oxidativen Schäden, die durch einige Umwelteinflüsse ausgelöst werden und z.B. den Alterungsprozess verstärken – auch die Gehirnfunktionen betreffend. Zur Unterstützung der Gehirnleistung ist eine ausreichende Versorgung mit Vitaminen und Mineralstoffen wichtig. Nach Gomez-Pinilla führt ein Mangel an Folsäure zu einem erhöhten Risiko für Depressionen und einer negativen Beeinträchtigung des Gedächtnisses. Folsäure findet sich in grünem Gemüse wie Spinat oder Brokkoli, aber auch in Orangensaft oder Hefe. Ein Mangel an B-Vitaminen oder Eisen schwächt ebenfalls die Gehirnleistung.

Rotes Fleisch in Mengen schadet

Der Genuss eines saftigen Steaks oder einer herzhaften Salami kann den Tag verschönern. Gerade im Studium kommt man leicht in Versuchung, dem Fleischhunger nachzugeben und die Hamburger-Restaurants vermehrt aufzusuchen. Beachten Sie aber, dies nicht im Übermaß regelmäßig zu verzehren. Rotes Fleisch (Rind, Schwein und Schaf) verkürzt nach einem Studienergebnis die Lebenserwartung (Pan et al. 2012). Für die Studie wurden zwei Langzeituntersuchungen von knapp 38.000 Männern und 83.000 Frauen analysiert, wobei Teilnehmer alle vier Jahre Auskunft über ihre Ernährungsgewohnheiten gaben. Zum Ergebnis: ein Verzehr von unverarbeitetem rotem Fleisch in der Standardgröße von 85 g pro Tag soll das Sterberisiko um 13 % steigern. Der Konsum von verarbeitetem Fleisch (z.B. ein Hot Dog oder zwei Scheiben Salami) erhöht das Sterberisiko um 20 %. Für Herzkreislauf-Erkrankungen (abhängig vom Alter, BMI, Rauchen usw.) wächst das Risiko auf 18 bzw. 21 %, für Krebs um 10 bzw. 16 %. Die unterschiedlichen Wirkungen von behandeltem und unbehandeltem Fleisch lassen sich dadurch begründen, dass letzteres durchschnittlich viermal so viel Natriumsalz und 50 % mehr Konservierungsstoffe enthält. Sicher, rotes Fleisch hat auch Gesundheitsförderndes vorzuweisen: Es ist eine wichtige Eiweißquelle für den menschlichen Körper. Daneben schmeckt Fleisch zahlreichen Individuen einfach, wie Valli et al. (2019) in einer Studie herausstellen. Ein Verzicht auf Fleisch würde also eine wahrgenommene Einschränkung für viele Personen bedeuten. Gelegentlicher Verzehr hat auch weniger Negatives in sich. Wechselt man den Fleischgenuss z.B. mit Fisch oder Geflügel, dann nimmt das Sterberisiko wieder ab. Bei den Fleischfanatikern wurde in der Studie übrigens nachgewiesen, dass sie allgemein ungesünder als andere Individuen leben. Der Fleischkonsum paart sich häufig mit anderen potenziellen Gesundheitseinschränkungen wie z.B. geringer körperlicher Aktivität oder einem höheren Body-Mass-Index (vgl. 6.2.2). Durch den Fleischkonsum essen sie zudem weniger Obst, Gemüse und Vollkorn. Machen Sie diesen Fehler nicht! Gestalten Sie Ihre Mahlzeiten lieber abwechslungsreich. Dabei ist rein vegetarisch oder sogar vegan aus gesundheitlicher Sicht nicht immer die beste Lösung. Teilweise findet sich in diesen Speisen ein hoher Fett- oder Salzgehalt sowie zahlreiche Zusatz- und Ersatzstoffe.

Beispiel aus der Forschung

Lassen Sie sich nicht allzu schnell beunruhigen, wenn Sie über neue Erkenntnisse zur Gesundheitsverträglichkeit von Lebensmitteln und ihren Zutaten in den Medien hören oder lesen. Wenige der Forschungsstudien leisten wirklich nützliche Erkenntnisse für die Ernährungsplanung. Schoenfeld und Ioannidis (2013) betonten, dass ein einzelnes Lebensmittel gleichzeitig vor Krebs schützt und wieder eine andere Krebsart fördert, wenn man diversen Einzelstudien glaubt. So relativieren etwa Johnson et al. (2019) in einer Metastudie die negativen Folgen des Konsums von rotem Fleisch. Die Wissenschaftler betonen, dass die Hinweise auf ein erhöhtes Risiko für Krebs oder Herzkreislauferkrankungen nicht abschließend ausreichten, um Menschen zu empfehlen, weniger rotes Fleisch zu verzehren.

Ein und dasselbe Lebensmittel kann also gleichzeitig gesundheitsförderlich und -schädigend sein. Wie kommen solche Forschungsresultate zu Stande? Das Problem ist, dass die medizinischen Studien teils mit einer zu kleinen oder zu ausgewählten Probandengruppe gewonnen oder über einen zu kurzen Beobachtungszeitraum durchgeführt werden. Oft können erst nach einer Bestätigung durch Folgestudien glaubhafte und nachhaltige Empfehlungen abgeleitet werden.

6.2.2 Body-Mass-Index

Mit einem guten Body-Mass-Index leben

Wer hat nicht einmal ein paar Kilo zu viel in seinem Leben zu tragen? Insbesondere in der Feiertagszeit, wie etwa zur Weihnachts- oder Osterzeit, ist es schon fast Gewohnheit geworden, mächtig an Gewicht zuzulegen. Was an sich noch nichts Gefährliches ist: Fett ist ja sogar wichtig für den Körper, denn es hat eine Art Isolierfunktionen für den Organismus und schützt vor schweren Verletzungen. Ein dauerhaftes, extremes Übergewicht ist jedoch schadhaft und kann vielfältige schwerwiegenden Erkrankungen verursachen, so dass übergewichtige Menschen ein doppelt bis dreifach erhöhtes Risiko auf einen vorzeitigen Tod wie Normalgewichtige haben. Das Ausstrahlen von körperlicher Fitness wirkt ferner nach innen und außen und verhilft dazu, sich in seiner Haut wohlzufühlen. Die Devise lautet also: Auch in Studienzeiten nicht übermäßig Gewicht mit sich herumschleppen. Eine gute Messzahl ist der **Body-Mass-Index** (BMI) oder **Körpermasseindex** (KMI). Es handelt sich grob um eine Maßzahl für die Relation zwischen menschlichem Körpergewicht und Körperoberfläche. Letztere wird näherungsweise aus dem Quadrat der Körpergröße berechnet. Die BMI-Formel lautet demnach:

$$\text{BMI} = \frac{\text{Gewicht (kg)}}{\text{Größe (m)}^2}$$

Wie ist der BMI zu interpretieren?

Die BMI-Bereiche kennzeichnen unterschiedliche Gewichtsklassen, siehe auch Tabelle 17. Die Interpretation des Tests wird aber durch Alter und Geschlecht beeinflusst. Männer besitzen z.B. meist einen höheren Anteil von Muskelmasse an der Gesamtkörpermasse als Frauen. Aus dem Grund sind die Unter- und Obergrenzen der BMI-Werteklassen bei Männern etwas höher als bei Frauen. Laut Klassifikation der Deutschen Gesellschaft für Ernährung (DGE) liegt der ideale BMI bei Frauen zwischen 18,5 und 24, bei Männern zwischen 20 und 25. Im Alter steigt die Normgrenze generell nach oben, z.B. ab einem Alter von mehr als 65 Jahren liegt der Normbereich zwischen 24 und 29. Fehlinterpretationen könnten etwa bei sehr sportlichen Studierenden erfolgen, denn gut entwickelte Muskeln führen zu einer größeren Körpermasse und damit zu einem höheren BMI. Trotz geringem Körperfett können sie nach der BMI-Berechnung übergewichtig sein. Bei untrainierten Studierenden ist der Fall genau andersrum gelagert: Menschen mit schwach entwickelten Muskeln können relativ viel Fett ansetzen und nach BMI-Kategorie noch immer normalgewichtig sein.

Dünn kann zu dünn sein

In der Fachwissenschaft wird zudem das „**Obesity Paradox**" diskutiert, d.h. Individuen mit einem BMI über 25 leben oft länger als solche mit einem normalen BMI-Wert von 20 (Amundson, D., Djurkovic, S. & Matwiyoff, G. 2012; Henderson, M. 2005; Mullen, Moorman & Davenport 2009). Unzweifelhaft ist allerdings die stark gesundheitsschädliche Wirkung von einem BMI-Wert über 35.

Gewichtsklassifikation bei Erwachsenen (nach WHO, 2008)

Gewichtsbezeichnung	BMI-Wert	Klassifizierung des Wertes
starkes Untergewicht	< 16	hoch
mäßiges Untergewicht	16–17	niedrig
Normalgewicht	18,5–24,9	durchschnittlich
Präadipositas (leichtes Übergewicht)	25–29,9	gering erhöht
Adipositas Grad I (Übergewicht)	30–34,9	erhöht
Adipositas Grad II (Übergewicht)	35 – 39,9	hoch
Adipositas Grad III (Übergewicht)	≥ 40	sehr hoch

Tab. 17: BMI-Normwerte in Bezug auf Größe und Gewicht bei Erwachsenen (Quelle: WHO 2008)

Studi-Tipp: BMI ausrechnen

Rechnen Sie Ihren BMI einmal selbst aus, z.B. unter http://www.bmi-rechner.net/

Der BMI kann gemanagt werden

Wenn das Wohlfühlen stark mit dem Übergewicht eingeschränkt ist, können Maßnahmen zum Management des BMI getroffen werden. Das Bewusstsein über den Esskonsum muss geweckt und reflektiert werden. Es gilt zu erkunden, wie viele versteckte Kalorien mit Nahrungsmitteln und Getränken aufgenommen werden. Eine gute Hilfe dabei ist ein Ernährungsprotokoll. Hier wird Buch geführt, was Sie essen und trinken. Dazu müssen Sie auch recherchieren, wie viele Kalorien sich jeweils hinter dem Konsum verbergen. Gerade

Getränke wie Soft Drinks, Bier (Alkohol allgemein) und Multivitaminsaft entpuppen sich dann als Kalorienbomben. Bei purem Wasser steht hingegen eine Null. Schauen Sie auch, dass Sie mehr in „Bewegung kommen" (vgl. Kap. 6.5). Bewegungsmangel führt oft zu Übergewicht. Aus Lernfrust treten auch gerne Heißhungerattacken auf. Diese lassen sich durch gezielte kleine Zwischenmahlzeiten vermeiden.

Realistische Studienziele helfen, das Gewicht zu halten

Die Sinnhaftigkeit von Zielformulierungen, um zum Studienerfolg zu gelangen, wurde bereits in Kap. 2.6 diskutiert. **Ziele** können auch hinsichtlich der Ernährungsgestaltung ihre positive Wirkung im Studium entfalten. So schützen konkrete Ziele vor unrealistischen Erwartungen und setzen Sie weniger unter Druck. Das verringert den Stress und weniger Stress bedeutet weniger Stress-Essen. Dies ist eine indirekte Auswirkung: Sie können auch direkt Ess- und Fitnessgewohnheiten oder sogar den BMI in Ihre Zielbildung einbeziehen.

6.2.3 Essverhalten

Anzahl der Tagesmahlzeiten

Drei- bis fünfmal täglich sollte Nahrung zu sich genommen werden. Günstig ist ein regelmäßiger Rhythmus von Essen und Nichtessen, der nicht durch Süßigkeiten permanent unterbrochen wird. Die Verdauung funktioniert am besten, wenn Individuen nicht zu viel auf einmal essen. Bei fünf Mahlzeiten ist das Hungergefühl den Tag über meist geringer und die Lebensmittelauswahl kann abwechslungsreicher gestaltet werden. Hauptmahlzeiten sind das Frühstück, das Mittag- und Abendessen. Die zwei Zwischenmahlzeiten sollten vornehmlich kalorienarme Snacks wie Obst oder fettarme Milchprodukte sein. Auch ein Glas Buttermilch oder eine Handvoll Nüsse geben neue Energie. Nun ein genauer Blick auf die drei Hauptmahlzeiten.

In den Tag mit einem guten Frühstück

Ein guter Start in den Tag ist sehr wichtig und der sollte ein gutes **Frühstück** beinhalten. Ein Frühstück dient dazu, den „leeren Tank zu füllen" und gut gelaunt zu sein. Nach einer mehrstündigen Nachtruhe ohne Nahrungsaufnahme und oft intensivem Lernen am Vorabend benötigt der menschliche Organismus Flüssigkeit, Proteine, Fett, Kohlenhydrate, Vitamine und Mineralien, um die Zellerneuerung zu garantieren. Diese Stoffe können dem Körper gut zugeführt werden. Einfach und schnell zubereitet sind z.B. ein kaltes Müsli mit Obst und fettarmer Milch, Vollkorn-Toast oder Brot mit Erdnussbutter (wichtig: Erdnussbutter mit hohem Nussgehalt und wenig Zuckerzusatz) und etwas Obst usw. Ein cerealienreiches Frühstück mit Cornflakes oder Müsli gibt dem Körper Ballaststoffe, Eisen, Folsäure und Zink. Gleichzeitig ist es fett-, zucker- und cholesterinarm. Der Calciummangel wird durch die zugegebene Milch verringert. Wer sich am Morgen genügend Zeit für das Frühstück nimmt, hat eine höhere Leistungs- und Konzentrationsfähigkeit und besseres Erinnerungsvermögen. Das liegt daran, dass der Glukosespiegel im Blut gesteigert und die Bildung des Transmitters Acetylcholin erhöht wird. Zur Acetylcholin-Bildung ist Vitamin B1 hilfreich, das in Vollkornprodukten, Nüssen, Eiern, Käse oder Bananen steckt. Achten Sie beim Kauf eines Müslis allerdings darauf, dass es nicht mit Zucker überfrachtet ist. Hoher Zuckerkonsum bringt nämlich das Hunger- bzw. Sättigungssystem des Körpers durcheinander. Daraus können sich Folgen wie Gewichtszunahme sowie erhöhter Blutdruck und erhöhte Cholesterinwerte ergeben. Langfristig kann sich auch Diabetes entwickeln. 30 g Zucker pro 100 g Müsli sind beispielsweise extrem viel. Zum Vergleich: ein Würfelzucker wiegt etwa 3 g. Das bedeutet, in 100 g Müsli sind schon 10 Zuckerwürfel. Machen Sie sich dies immer bewusst. Empfohlen sind am Tag zwischen 30 und 50 g Zucker. Die häufig dem Müsli künstlich zugesetzten Vitamine schaden zwar nicht, helfen aber auch nicht unbedingt, Ernährungsfehler auszugleichen. Es gilt die Devise: Je natürlicher die Produkte sind, umso vitaminreicher und effektiver ist die Wirkung auf die menschliche Gesundheit.

Mittags nicht zu heftig

Die ideale Mittagsmahlzeit deckt den Energiebedarf und macht satt. Der **Mittagstisch** soll zusätzlich Vitamine und Mineralstoffe liefern, aber nicht zu sehr belasten. Daher ist üppige, fette Nahrung (z.B. Pizzaschnitten oder Leberkäse), die schwer im Magen liegt, zu vermeiden. Die Kraft, die für die Verdauung notwendig ist, fehlt dann für andere Aktivitäten. Durch den richtigen Mittagsmix lässt sich auch das Nachmittagstief im Tagesrhythmus (vgl. Kap. 3.4.4) etwas abschwächen. Frisches Obst und Gemüse, wie Bohnen, Brokkoli, Fenchel, Grünkohl, Karotten, Rettich und Zwiebeln, sollte am Mittag nicht vergessen werden. Viele Mensen haben ihre Speisepläne schon an aktuelle Gesundheitsrichtlinien angepasst. Trotzdem sollte man auch hier bei der Wahl den Überblick behalten ebenso wie beim Kochen zu Hause.

Ausklang zum Abend

Für das **Abendessen** ist besonders wichtig, dass es leicht verdaulich ist. Ansonsten ist der Körper über Nacht mit dem Verdauungsprozess und mit dem Anlegen von Fettdepots aus dem Nahrungsüberschuss belastet. Besonders für den Abend eignen sich Suppen, die mit frischem Gemüse, Fleisch- oder Fischstücken zubereitet werden. Die Zutaten sollten klein geschnitten sein, weil dies die Kochzeit, um weich zu werden, verringert. Durch diese Maßnahme bleiben wertvolle Inhaltsstoffe der Nahrungsmittel besser erhalten. Aber auch ein kleiner Salat oder eine Scheibe Knäckebrot belasten nicht zu sehr. Falls es an Ihrer Hochschule eine Abendmensa gibt, greifen Sie nicht permanent zu schwerer Kost.

> **Studi-Tipp: Einschlafhilfe**
>
> Wer etwas später noch Hunger hat: Milchprodukte fördern den Schlaf, denn sie enthalten das schlaffördernde Tryptophan.

Schutzzone Schreibtisch

Süßes ist auf dem Schreibtisch den ganzen Tag über verboten. Auch sonstige potenzielle „Gefahrenquellen" sollten verbannt werden, wie z.B. Bestellkarten vom Pizzadienst. Joghurt, Früchte und Vollkornbrot sind problemlos erlaubt. Nüsse liefern z.B. viel Energie für zwischendurch und steigern die geistige Leistungsfähigkeit für anspruchsvolle Lerntätigkeiten. Aus diesem Grund bilden sie eine Basis für das so genannte „Studentenfutter". Bestandteile sind meist getrocknete Früchte wie Rosinen, ungesalzene Nüsse, Cashewkerne, Erdnüsse, Paranüsse, Walnüsse, Haselnüsse oder Mandeln.

6.2.4 Trinkverhalten

Ausreichendes Trinken als wichtige Basis

Während der täglichen Lern- und Studienzeit sollten Sie viel Flüssigkeit zu sich nehmen, um Kopfschmerzen und Konzentrationsschwäche vorzubeugen. Eine gefüllte Wasserflasche in Griffnähe auf dem Schreibtisch kann gewährleisten, dass das Trinken nicht vergessen wird. Nach kurzer Zeit wird es zur Angewohnheit, regelmäßig einen Schluck zu nehmen. Nützlich ist es auch, das Trinken mit bestimmten Anlässen zu verbinden, z.B. ein großes Wasserglas vor dem Mittag- und Abendessen trinken. Welche Trinkmenge sollten Sie zu sich nehmen? Die empfohlene Trinkmenge für Erwachsene und Senioren liegt bei um die 1,5 Liter (am besten Wasser, Saftschorlen oder Früchtetees). Bei körperlich erhöhten Belastungen werden daraus 2 bis 3 Liter täglich.

Kaffee trinken nebenbei ist prinzipiell nicht schlecht

Kaffee wird gerne als Muntermacher bezeichnet und das ist auch nicht falsch (Lüllmann, Mohr & Hein 2010). Er enthält **Koffein**, das eine gefäßerweiternde Wirkung hat. Resultat ist, dass verstärkt Blut ins Gehirn fließt. Antrieb, Aufmerksamkeit und Konzentrationsfähigkeit werden dadurch gesteigert und Ermüdungserscheinungen beseitigt. Daher kann das Kaffeetrinken beim Lernen und in Prüfungssituation zu einem positiven Effekt führen. Beim Kaffeegenuss wird als normal verträgliche Menge ein Konsum bis zu vier Tassen am Tag angesehen. Aus höheren Trinkmengen resultiert ein Koffeinüberschuss sowie ein Abhängigkeits- und Gewöhnungseffekt, was die Konzentrationsfähigkeit negativ beeinflussen kann. Hoher Koffeinkonsum kann ebenso zu Spannungskopfschmerzen führen, die migräneähnlich auf den Körper wirken. Rein biochemisch gesehen, haben Koffein und Teein, das in vielen Teesorten enthalten ist, übrigens die gleiche Wirkung. Sechs Stunden vor dem Schlafengehen sollten keine koffein- oder teeinhaltigen Getränke mehr eingenommen werden, damit die Schlafruhe bestens gewährleistet ist.

Bei Alkoholkonsum gibt es nichts zu beschönigen

Bereits in Kapitel 6.1 wurde das Problem angesprochen, das mit erhöhtem studentischen **Alkoholkonsum** im Studium besteht. Selbstverständlich kann und will man nicht immer wie ein Engel leben. Nicht zu missachten ist aber, dass neben vielerlei negativen Wirkungen auf die Gesundheit auch das Lernverhalten direkt darunter leidet – speziell bei suchtähnlichem Verhalten. Nicht zu vergessen ist, dass Alkohol eine pure Kalorienbombe ist (vgl. Kap. 6.2.2).

Beispiel aus der Forschung

Alkoholabhängige weisen nach einer Studie von Rustemeier et al. (2012) eine ähnlich hohe Aufnahmefähigkeit auf wie gesunde Individuen. Die Forscher verglichen dabei die Lernleistung von 24 alkoholabhängigen Patienten mit der von 20 gesunden Probanden in unterschiedlichen Lernsituationen. Der Problembereich liegt aber darin, dass es den Abhängigen Schwierigkeiten bereitet, das Gelernte einzusetzen. Sie gehen mit dem

Lernstoff weniger beweglich um, z.B. können sie schlechter Verbindungen zwischen unterschiedlichen Problemkreisen erkennen. Gerade Lernen im Studium verlangt aber, neues Wissen in bislang unbekannten Situationen flexibel einsetzen zu können.

6.3 Ergonomik

Wissenswertes über die Ergonomik

Die menschliche Anatomie ist vor allem für Gehen, Liegen oder Kauern ausgelegt. Das Problem ist jedoch, dass Studium vor allem Sitzen bedeutet. Sei es zu Hause am PC oder in der Lehrveranstaltung. Auch wenn Sitzen als Inbegriff von Arbeit und Konzentration gilt, trägt die Sitzhaltung maßgeblich zur Entstehung von Rückenleiden bei. Diese mögen in jungen Jahren nicht oder nur vereinzelt auftreten, die Probleme sind dann jedoch schon für später gelegt. Nun aber zum Hintergrund, warum uns Sitzen nicht so entspricht: Sitzen belastet den menschlichen Körper, weil es sich um eine ungleichwertige Nutzung der Muskeln handelt. Zu langes Sitzen führt in der Regel dazu, dass Menschen in sich zusammensinken und sich dadurch im Lauf der Zeit der Brustmuskel verkürzt und die Nackenmuskulatur verspannt wird.

Was sollte erfüllt sein?

Arbeitsstühle sollten neben Verstellmöglichkeiten die Möglichkeit bieten, den Bewegungen des Studierenden zu folgen, wenn die Sitzposition variiert wird. Rückenlehne und Sitzfläche sollten deshalb so beschaffen sein, dass beim Vor- und Zurückbeugen durch ständigen Kontakt eine Stütze der Lendenwirbelsäule gewährleistet wird. Das garantiert eine ideale Unterstützung der Wirbelsäule und eine Entlastung der Gelenke. Bei der Einstellung des Sitzes sollten Rücken, Unter- und Oberarm und Beine jeweils einen rechten Winkel bilden

(4 x 90-Grad-Regel) und die Füße sollten vollständigen Kontakt zum Boden haben. Die Rückenlehne sollte so hoch sein, dass sie eine Unterstützung der Schultern gewährleistet. Bei intensiver Nutzung des Computers, z.B. für Hausarbeiten, sollte eine Entlastung der Unterarme durch Armlehnen gegeben sein. Gut ist es auch, Sitzen durch ausreichend Bewegung zu bereichern. Es kann auch einmal gut im Gehen und Stehen etwas gelesen werden oder bei der Besprechung der Prüfungsvorbereitung mit einem Kommilitonen gestanden oder gegangen werden.

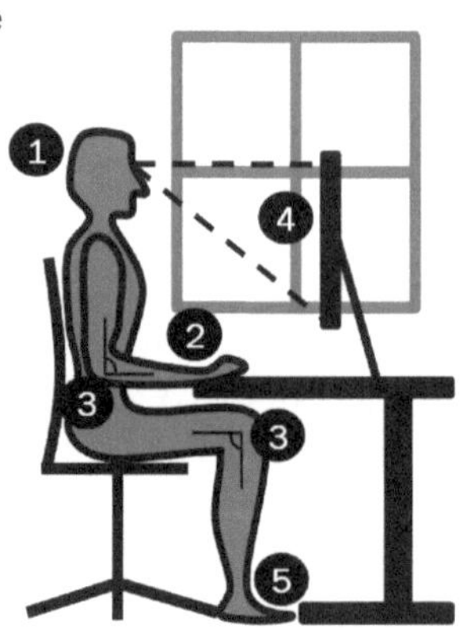

Abb. 36: Optimale Sitzposition (in Anlehnung an BITKOM 2012)

Arbeiten mit dem Laptop

Ein Laptop ist perfekt in die Hochschule mitzunehmen und auch direkt zu Hause einsatzbereit. Sie kennen aber sicher auch schon die Probleme: Die Tastatur ist schmal. Und wenn Sie die Anforderungen an die Ergonomie gelesen haben, wird deutlich, dass der Bildschirm nicht auf der richtigen Höhe ist. Sie müssen immer nach unten sehen. Der Laptop müsste also höher stehen. Dies ist sehr leicht durch vier bis fünf dicke Studienbücher zu erreichen. Tastatur und Maus lassen sich in der Form nicht mehr nutzen. Aus dem Grund sollten eine externe Maus und Tastatur angeschafft und genutzt werden. Der Nacken ist durch diese Maßnahme eindeutig besser entlastet.

6.4 Entspannung

6.4.1 Pausen

Auf die Zeichen des Körpers hören

Im täglichen Arbeitsplan sollten mit der Arbeitszeit variierende Pausen nicht vergessen werden (vgl. Tabelle 18). Unproduktive Phasen sind beim Lernen sonst nicht zu vermeiden: Der Kopf ist zu, der Rücken oder die Augen schmerzen. Oft sendet der Körper noch weitere Warnsignale, wenn er eine Pause benötigt. Darunter fallen Gähnen, Gedankenabschweifen, Sodbrennen oder ein Bedürfnis, sich zu recken und strecken. Daneben können Vergesslichkeit und ungewohnte Fehler Zeichen dafür sein, dass mehr Pausen nötig sind.

Vergessen Sie Ihre Augen nicht

Bevor es zum Kernpunkt Pausen geht, noch ein wichtiger Aspekt, der oft vergessen wird: Ihre Augen sind im Studium extrem viel im Einsatz und daher mit Ihr wichtigstes Organ. Aufmerksamkeit und Pflege geraten jedoch leicht ins Hintertreffen. Dazu kommt, dass Fernsehen oder Gamen nicht gerade zur Gesundheit der Augen beitragen. Das ständige „In-die-Nähe-Schauen“ wie etwa auf einen Text in einem Buch, auf den Bildschirm oder auf das Handy strengt die Augen extrem an. Eine leichte und schnelle Entlastung wäre, einfach mal in die Ferne zu sehen, z. B. einen Blick aus dem Fenster zu werfen.

Studi-Tipp: Entspannungsübung für die Augen

Übungen für die Augen sind sehr leicht durchzuführen, wie etwa die Fixierung. Dabei schauen Sie mit beiden Augen auf einen kleinen Punkt. Dieser kann in einem Ihrer Texte oder auch ein Nagel an der Wand sein. Dann halten Sie inne und fixieren mit beiden Augen circa eine Minute oder länger diesen Punkt. Konzentrieren Sie sich nur auf diesen Punkt und blenden Sie alle Ablenkungen, die in Ihre Gedanken kommen, aus. Ihre Augen und Ihr Geist sind oft gar nicht mehr gewöhnt zu verweilen. Augen und Geist werden diese Übung lieben.

Durch Pausen dem Körper Erholung schenken

Oft wird ein wichtiger Aspekt vergessen: Körper und Geist brauchen Regeneration nicht erst dann, wenn sie völlig erschöpft sind. Wichtig für die Erholung ist das gezielte Nutzen von Pausen. In den Pausen sollten möglichst Tätigkeiten verrichtet werden, die weit vom Lernstoff abweichen, um den Kopf frei zu kriegen. Surfen oder Zeitung lesen garantieren dabei nicht immer eine perfekte Erholung, da diese Tätigkeiten keine wirkliche Pause für das Gehirn leisten. Blumen gießen, mit dem Hund spielen oder einen Tee trinken erscheinen für wirkliches Abschalten sinnvoller. Die Mittagspause sollte für einen größeren Abstand genutzt werden und nicht zwischen Laptop und Lernordnern am Schreibtisch oder in einer studentischen Arbeitsgruppe verbracht werden. Letzteres ist schlicht keine gute Voraussetzung für Erholung und Entspannung, das Auftanken und Kraft schöpfen für die weiteren Lernstunden ist dadurch stark eingeschränkt. In der Mittagspause können Sie gut Ihren Arbeitsplatz oder die Hochschule einmal verlassen. Ein kurzer Aufenthalt an der frischen Luft (z.B. ein Spaziergang in einem Park in der Nähe der Hochschule oder des Lernortes) kann Körper und Geist gut wieder beleben. In der Folge sinkt die Stresskurve und der Heißhunger nach Süßigkeiten nimmt ab. Auch ein Gang in die Mensa führt zu einem kurzzeitigen Tapetenwechsel und lässt sich bei gezielter Essensauswahl mit einer guten Ernährung verbinden. Beachten Sie, dass Sie Ihrem Gehirn durch die Pausen etwas Ruhe gewähren und nicht mit zu vielen neuen Eindrücken belasten. Das Gehirn selbst macht freilich keine Pause, sondern arbeitet im Hintergrund weiter an dem Problem. Speziell am Abend sollten Sie sich längere Erholung- und Entspannungsphasen gönnen (vgl. Kap. 6.4.1), wie etwa ein packender Film oder ein ausgiebiges Vollbad, die mit viel Freude verbunden werden und helfen, den Akku wieder aufzuladen (Abb. 37).

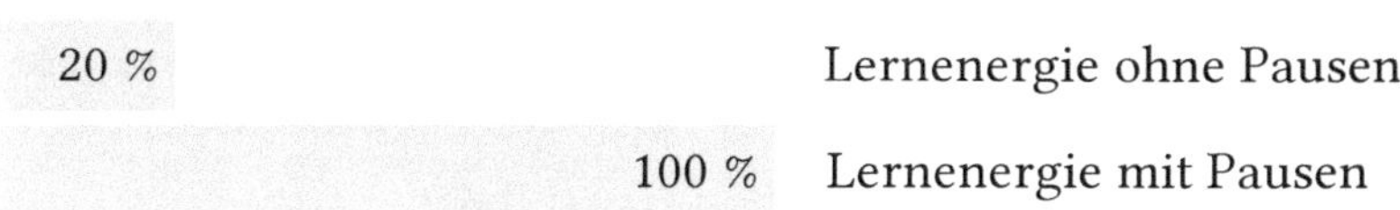

Abb. 37: Pausen zur Aufladung des Akkus

Pausenart	Arbeits-dauer	Pausen-dauer	Tätigkeit
Minipause	ca. 45 Min.	ca. 5 Min.	Bewegung, frische Luft, Erledigung dringlicher Bedürfnisse
Maxipause	ca. 90 Min.	15–20 Min.	etwas essen und trinken, Raum verlassen
Erholungspause	ca. 180 Min.	60–90 Min.	Spaziergang, Mittagspause mit Essen oder Abendessen

Tab. 18: Vorgeschlagene Pausen (Quelle: in Anlehnung an Luxem, Runggaldier & Kühn (2010))

Powernap bringt Kraft und Leistung

Eine Pause, die oft als kleines Nickerchen lächerlich gemacht wird, ist das Powernapping. Ein Powernap kommt nicht nur der Gesundheit zugute, sondern er macht uns auch leistungsfähiger. In einigen Universitäten finden sich deshalb bereits extra dafür nutzbare Liegeflächen zum Verweilen. Die beste Option ist trotzdem noch der gemütliche Platz zu Hause für die kurze Pause. Geeignet ist ein Sofa oder ein bequemer Sessel und etwas, auf das Sie Ihre Beine hochlegen können. In den Leichtschlaf können Sie sich dann leicht durch das Schließen der Augen und Entspannen dämmern. Beachten Sie, dass der Powernap zwischen 20 und allerhöchstens 30 Minuten sein sollte. Stellen Sie Ihren Wecker, um dieses Zeitlimit einzuhalten. Wenn Sie länger Ihre Augen schließen, riskieren Sie eine kurzzeitige Tiefschlafphase. Diese Phase ist dann viel zu kurz, um sich danach wacher fühlen zu können und die Pause wäre dann kontraproduktiv für Ihre Leistung.

Studi-Tipp: Kaffee unterstützt den Powernap

Wenn Sie unmittelbar vor dem Powernap eine Tasse Espresso trinken, haben Sie nach der Pause gleich die richtige Energie. Das Koffein braucht ungefähr eine halbe Stunde, bis es im Körper wirkt. Wenn Sie nach dem Nap zurück an Ihren Arbeitsplatz gehen, haben Sie dank dem Kaffee einen zusätzlichen Energyboost. Zusätzliches Strecken der Glieder und etwas Sonnenlicht tanken kann den Energieschub noch weiter fördern.

6.4.2 Schlaf

Die Wirkung des Schlafes

Einen guten nächtlichen **Schlaf** sollten Sie nicht versäumen, da in dieser Zeit erlernte Inhalte in das Gedächtnis übertragen werden. Studien, die den Zusammenhang zwischen Schlaf und Gedächtnis untersuchen (Marshall & Born 2011), zeigen, dass durch intensive Tiefschlafphasen Gedächtnisinhalte besser in den Langzeitspeicher des Gehirns übertragen werden. Die Wissenschaft braucht also nicht mehr darüber streiten, worin der Zweck liegt, dass Individuen einen Teil ihres Lebens „bewusstlos vor sich hindämmern“: Schlaf ist definitiv nötig, um z.B. Erlerntes besser im Gedächtnis zu verankern. Das gerne praktizierte nächtliche Durcharbeiten vor Hochschulprüfungen ist also kontraproduktiv. Gerade für Erinnerungen an wesentliche Fakten und deren übergeordneten Kontext ist Schlaf besonders relevant. Neue Informationen werden während des Schlafes nicht nur gespeichert, sondern auch verarbeitet und neu strukturiert. Als Effekt können innovative und sinnvolle Zusammenhänge entdeckt werden. Schlafen hilft also sowohl beim sturen Auswendiglernen als auch beim schöpferischen Denken. Der Umstand verhilft uns, Probleme quasi im Schlaf zu lösen. Insofern ist es auch nicht schädlich, komplexe Lerninhalte noch vor dem Schlafengehen zu bearbeiten. Sie sollten allerdings nicht das Einschlafen gefährden, weil man die ganze Zeit an die Inhalte denkt und trotz intensiven Zählens von Schafen nicht einschlafen kann.

Studi-Tipp: Einschlafprobleme vermindern

Sie denken noch, wie Sie ein Studienproblem lösen könnten, und können deshalb nicht recht einschlafen. Die inneren Stimmen belasten Sie. Oft hilft es, vor dem Schlafengehen einen genauen Plan niederzuschreiben, auf welche Weise man ein Problem lösen möchte. Das Triviale zu Papier bringen kann schon zur erwünschten Ruhe führen: Die quälenden Stimmen schweigen. Wenn Sie dann noch auf dem Nachttisch einen Notizblock für plötzliche Gedanken liegen haben, können Sie Ihre Nachtruhe optimieren.

Beispiel aus der Forschung

Nun noch kurz stark vereinfacht zum wissenschaftlichen Hintergrund der Schlafforschung: Der Kurzzeitspeicher des Gehirns umfasst einen Bereich von ca. 20 Minuten. Die Speicherkapazität des Kurzzeitgedächtnisses ist also nicht für eine Informationsvielfalt geeignet. Informationen erfahren aber eine Bewertung und Zuordnung. Wird eine gerade aufgenommene Information schnell durch weitere wieder verdrängt, kann sie nicht ins dauerhafte Gedächtnis eingespeichert werden. Wenn Informationen als relevant bewertet werden, können sie ins Langzeitgedächtnis gelangen. Eine wichtige Funktion für die Gedächtniskonsolidierung übernimmt der untere Rand der Hirnrinde (= **Hippocampus** oder „Seepferdchen"). Hier werden alle am Tag gesammelten Informationen (z.B. der gelernte Prüfungsstoff) zwischengespeichert. Der Hippocampus besitzt aber nur eine limitierte Aufnahmekapazität. Damit nicht alles wieder vergessen wird, müssen die Erinnerungen in das Langzeitgedächtnis (= **Neokortex**) überspielt werden, wo die Daten mit bereits vorhandenen Inhalten verknüpft und längerfristig abgespeichert werden. Eben diese Übertragung findet vor allem im Schlaf statt. Es ist wie bei einem E-Mail-Postfach: Läuft das Postfach im Hippocampus über, können keine weiteren Nachrichten mehr eintreffen. Wahrscheinlich kann die Gedächtniskonsolidierung nur unter der Bedingung ungestört ablaufen, dass das Gehirn „offline" ist, also nicht parallel aktuelle Informationen von den Sinnessystemen verarbeiten muss. Interessanterweise scheint das Schlafstadium die Art der Gedächtnisbildung zu beeinflussen. In den ersten Stunden des Tiefschlafes (= Deltaschlaf) wird z.B. hauptsächlich gelernt, sich an Fakten und Episoden zu erinnern. Während des Tiefschlafes sind Körperfunktionen wie Herz- und Atemfrequenz herabgesetzt, der Kopf arbeitet aber intensiv. Nach dem Tiefschlaf folgt der REM-Schlaf (Rapid-Eye-Movement), in dem vor allem bewegte und emotional gefärbte Träume auftreten. Die Phase ist mit einer Steigerung des Blutdruckes und der Atemfrequenz verbunden. Ein Schlafzyklus dauert etwa 90 bis 100 Minuten. Damit nicht genug: Pro Nacht finden sich bei gesunden jüngeren Erwachsenen etwa vier bis sechs Zyklen. Über den Nachtverlauf werden die Tiefschlafphasen kürzer und die REM-Phasen länger. In Prüfungszeiten neigen viele Studierende dazu, wenig zu schlafen in dem Glauben, dass ein Mehr an Schlaf zu einem späteren Zeitpunkt das Manko wieder ausgleicht. Die Rechnung geht aber nicht auf, sondern dieses Verhalten kann zu mentaler Traurigkeit und Antriebslosigkeit führen.

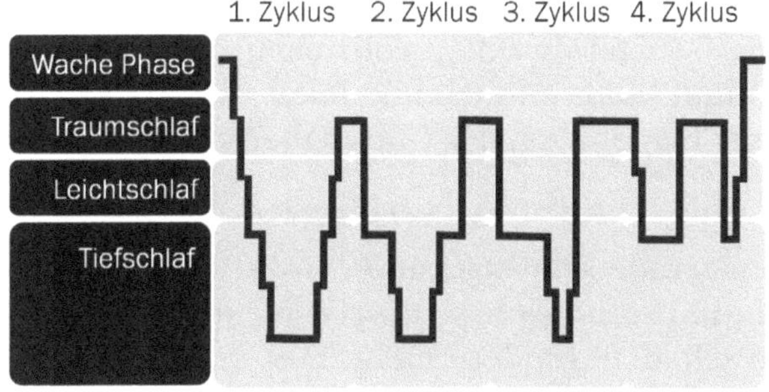

Abb. 38: Schlafphasen (in Anlehnung an Techniker Krankenkasse 2012)

Blaues Licht auf Bildschirmen vermeiden

Die Auswirkung von blauem Licht auf Displays kann das Einschlafen erschweren. Die Ursache ist leicht erklärt: Licht mit hohen Blauanteilen am Morgen sorgt dafür, dass die Produktion des Schlafhormons Melatonin eingeschränkt wird. Umgekehrt bring Licht mit hohen Blauanteilen damit am späten Abend die innere Uhr aus dem Takt. Ein Tablet, PC oder Handy mit einem Blaulichtfilter kann das vermeiden. In der Regel lässt sich das schnell einstellen. Beim Mac existiert beispielsweise „Night Shift“, wodurch abends automatisch die Farben des Displays in ein wärmeres Farbspektrum geändert werden. Auch bei Windows können Sie den Nachtmodus leicht über die Einstellungen aktivieren.

Schlafplatz ist Schlafplatz

Aus dem Bett ist alles zu verbannen, was ans Lernen erinnert. Bücher, Laptop und Seminarunterlagen sind also streng verboten. Im Bett zu lernen hat eine negative Wirkung, denn Lernen, Nachtruhe und Erotik werden quasi von unserem Gehirn an einer Stelle abgespeichert. Die Trennung zwischen Schlafplatz und Arbeitsplatz können wir zwar nicht vollständig im Kopf vollziehen, weil wir eben unser Gehirn nicht auf nur „Arbeiten“ und nur „Schlafen“ programmieren können. Trotzdem ist der Zusammenhang durch die Trennungsmaßnahme weniger direkt zu vollziehen. Je klarer Studierende Lernen und Muße zeitlich und lokal voneinander trennen, desto besser klappt auch das Umschalten im Kopf.

Studi-Tipp: Schlafphase verlängern

Wenn es gerade sehr stressintensiv ist an der Hochschule wie etwa in Prüfungsphasen, ist es oft nicht sinnvoller weniger zu schlafen, sondern mehr. Den täglichen Schlaf einige Tage um 90 Minuten zu verlängern (also einen Schlafzyklus) kann Ihnen die nötige Energie bringen, diese Zeit bestmöglich zu bestehen.

6.5 Sport und Fitness

Sport hält fit

Zwei- bis dreimal pro Woche regelmäßige körperliche Betätigung mittlerer Intensität gilt als Maß aller Dinge. Gute Gelegenheiten geben in der Regel die Hochschulen selbst mit ihrem vielfältigen Angebot an Sport- und Freizeitkursen. Das Schöne dabei ist, dass die Brieftasche dadurch nicht groß belastet wird. Wichtig ist allerdings, dass die ausgewählte Sportart Ihnen Spaß macht, ob Hochschulsport, Training im Fitnesscenter, Rad fahren oder Joggen in der freien Natur. Man gewinnt durch die sportliche Tätigkeit (besonders in Zeiten universitärer Stress- und Angstsituationen) Entspannung und Adrenalin wird abgebaut, was auch positiv für den Blutdruck und den Blutzuckerspiegel ist. Bewegung bringt den Kreislauf in Schwung, macht den Kopf frei und vermindert das Hungergefühl durch die Reduktion von Stresshormonen. Nun zu einigen leichten Alternativen, um etwas Bewegung in das Studienleben zu bringen.

Studi-Tipp: Video zur Wirkung von Sport

Ein informatives Video (Wundermittel Sport: Körper, Geist und Gene profitieren von Bewegung) auf YouTube aus der WDR-Sendung *Quarks* stellt die positive Wirkung von

Sport auf Muskeln, Herz, Knochen, Gehirn und auch Gene dar. Schauen Sie es sich zur Motivation an:
https://www.youtube.com/watch?v=Tm0f5iXMeso

Kalorienkiller Nr. 1: Treppensteigen

Eine naheliegende und extrem einfach durchzuführende Fitnessübung ist das Treppensteigen. Auf dem Weg zur Hochschule und an der Hochschule selbst müssen zahlreiche Stufen überwunden werden. Aber nicht nur dort, wenn allgemein eine Rolltreppe oder ein Aufzug als Transportalternative zur Verfügung stehen, müssen Sie nur konsequent *„Nein"* zu sich sagen und die Treppe wählen. Diese sportliche Option wirkt nicht nur positiv auf die Fitness, sondern schmälert auch das Körpergewicht und den Hüftumfang. Besonders positiv ist, dass man die Trainingsintensität leicht erhöhen kann, z.B. indem man das Schritttempo steigert oder zwei Stufen gleichzeitig statt einer nimmt.

Beispiel aus der Forschung

An der Universität Genf kam es zu einem besonderen Versuch: 77 Hochschulmitarbeiter mit einem eher bewegungsarmen Lebensstil (= weniger als zwei Stunden Bewegung pro Woche) mussten zu Studienzwecken zwölf Wochen lang auf Aufzug und Rolltreppe verzichten und Treppen steigen (Meyer et al. 2010). Von den 77 Probanden überstanden 69 die geforderten Kriterien. Deren Ergebnisse waren sehenswert: Im Durchschnitt hat sich bei den Probanden die Sauerstoffaufnahme um 8,6 % erhöht. Das bedeutet laut bisherigen wissenschaftlichen Erkenntnissen eine Senkung des Sterberisikos um 15 %. Weitere positive Resultate: Verringerung des Bauchumfangs um 1,8 %, des Körpergewichtes um 0,7 %, des Körperfettanteil um 1,7 % und des diastolischen Blutdrucks um 2,3 %. Besonders gut bekam das Treppensteigen dem gesundheitsgefährdenden Low-Density-

Lipoprotein (LDL)-Cholesterinwert, der durch die sportliche Aktivität um 3,9 % verringert wurde.

Bewegungsaktives Minutentraining

Teilweise lässt sich etwas Bewegung ganz simpel als **Minutentraining** in den Studienalltag einbauen. Eine Form wären isometrische Anspannungsübungen. Eine solche Übung ist **erstens** das zehn Sekunden lange Anspannen der Gesäßmuskeln bei gleichmäßiger Atmung. Positiv ist, dass man diese Übung leicht bei Wartezeiten, in der Lehrveranstaltung oder vor dem Fernseher machen kann und die Durchführung kein anderer mitbekommt. **Zweitens** wäre das Brustmuskeltraining zu nennen. Dabei sind die Handballen vor der Brust bei waagerechter Haltung der Unterarme immer wieder kräftig gegeneinanderzupressen. Eine leicht zu praktizierende Herz-Kreislauf-Übung ist **drittens** das Wippen von den Zehen auf die Fersen. Auch Balance- und Koordinationsübungen lassen sich ebenso problemlos realisieren, etwa **viertens** das Zuknöpfen von Hemd oder Bluse, das Zähneputzen oder das Telefonieren jeweils auf einem Bein.

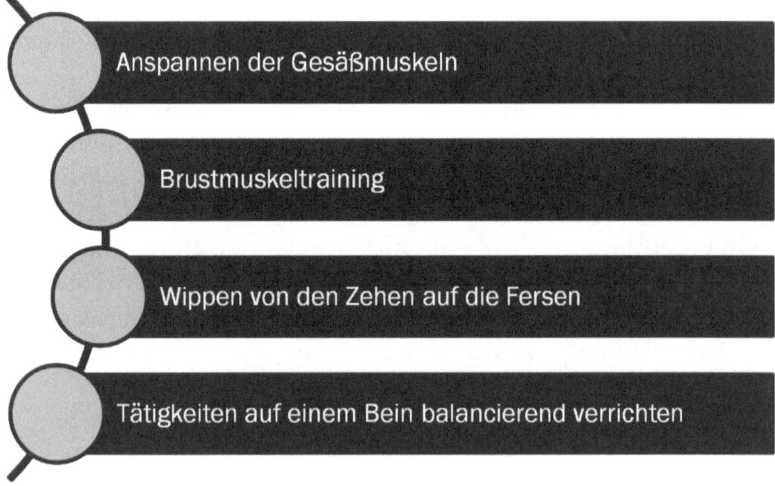

Abb. 39: Vier Minutenübungen auf einen Blick

Studi-Tipp: Video zur Wirkung von Sport

Auf YouTube finden sich viele Videos für Sportübungen, die einfach zu Hause absolviert werden können. Sie brauchen dazu nur eine Matte zum Unterlegen. Mit ein bisschen Suche finden Sie unter YouTube sicher einige für Sie passende Videos. Schauen Sie es sich zur Motivation zwei gelungene Beispiele an und machen Sie am besten gleich mit:

12 Minuten Bauch-Beine-Workout – Daria zeigt, wie einfach es ist, fit zu bleiben:
🖱 https://www.youtube.com/watch?v=x26MyWBJ7II

12 Dehnübungen zur Fettverbrennung für Zuhause:
🖱 https://www.youtube.com/watch?v=TlhWArbie64

6.6 Hirndoping

Kein Doping für das Hirn

Wenn der Erfolgs- und Leistungsdruck im Studium hoch ist, scheint die Chance, sich künstlich leistungsfähiger zu machen, verlockend. Die Einnahme meist verschreibungspflichtiger chemischer Substanzen wird als schneller Fitmacher angesehen. Studierende wählen dafür Antidepressiva, Medikamente gegen Alzheimer, die Schlafkrankheit oder das Aufmerksamkeits-Defizit-Syndrom (ADS). In dem Zusammenhang spricht man auch von Hirndoping oder Neuro-Enhancement. Vor allem in den USA greifen Studierende in Drucksituationen (z.B. Prüfungsstress) zu den genannten Anwendungen.

Der „ultimative Fitmacher" macht krank

Besonders beliebt ist **Methylphenidat** (z.B. das Medikament **Ritalin**), das gegen ADS wirkt und durch seine stimulierende Wirkung die Lernleistung im Studium verbessern soll. Die Intelligenz beeinflusst die Substanz folglich nicht, sondern lediglich den Hirnstoffwechsel, was in bessere Konzentration und eine euphorisierende Wirkung münden kann. Ritalin ist eine amphetaminähnliche Substanz und Letzteres steht im Sport wegen der leistungssteigernden Wirkung auf der Dopingliste. Studentisches Hirndoping würde also bei einer Dopingkontrolle im Sport positiv getestet und der Sportler für weitere sportliche Aktivitäten gesperrt. Dem sollte man sich ebenso bewusst sein wie der zahlreichen Nebenwirkungen. Dazu gehören Herzrasen, Herzklopfen, Herzrhythmusstörungen, Schlaflosigkeit, Appetitlosigkeit und Magenbeschwerden sowie in vielen Fällen ein erhöhter Blutdruck. Bei Einnahme hoher Dosen kann eine Medikamentenabhängigkeit oder – weit gefährlicher – eine Verstopfung von Lungen- oder Hirngefäßen entstehen. Es bestehen auch Wechselwirkungen zu anderen Medikamenten und Alkohol. In Zusammenhang mit Alkohol kann Methylphenidat sehr unerwünschte Nebenwirkungen auf das Gehirn haben, die die normale Wirkung von Alkohol potenzieren: Einschränkung des Sehfeldes, Probleme bei der Entfernungseinschätzung, Koordinations- und Gleichgewichtsstörungen, Sprachstörungen, steigende Risikobereitschaft und Aggressivität, abnehmende Merkfähigkeit. In Extremfällen ist eine Alkoholvergiftung möglich.

Leistungsschwach dank Antidepressiva

Nun zu weiteren, gesundheitsschädlichen Medikamenten: Auch die prophylaktische Einnahme von **Antidepressiva** bleibt nicht wirkungslos, sondern führt häufig zur Verschlechterung der Leistungsfähigkeit oder zu Bluthochdruck, Kopfschmerzen, Heißhunger, Halluzinationen oder Übelkeit. Im Extremfall können sogar komatöse Zustände und epileptische Anfälle ausgelöst werden.

Eine ruhige Hand durch Betablocker

Bei **Betablockern** handelt es sich um Medikamente für Patienten mit Herzerkrankungen. Sie verlangsamen den Herzschlag, senken den Blutdruck und wirken beruhigend. Betablocker haben also eine umgekehrte Wirkung wie Ritalin. Im Studium werden die Medikamente von Studierenden verwendet, um Prüfungsnervosität oder Stresssymptome zu mindern. Erneut ist zu beachten, dass auch Betablocker bei gewissen Sportarten (z.B. Curling oder Billard) auf der Dopingliste stehen – immer dann, wenn eine ruhige Hand wichtig ist. Die Dosierung von Betablockern ist für Herzkranke mit dem behandelnden Arzt genau abzustimmen. Studierende sollten dieses Vorgehen nicht missachten und **auf keinen Fall** Anwendungstipps im Internet vertrauen: Bei falschem Gebrauch kann das Herz zu langsam schlagen, was zu einem Kollaps führen kann. Aber auch Müdigkeit oder depressive Verstimmungen sind denkbare und ungeliebte Nebenwirkungen.

Nach einer Studie der Techniker Krankenkasse (Grützmacher et al. 2018) sind Betablocker bei den Studierenden wenig verbreitet. Sie werden von weniger als 1 % der Studierenden eingenommen. Die Dunkelziffer ist allerdings schwer abzuschätzen.

7 Das Selbstmarketing und Image optimal steuern

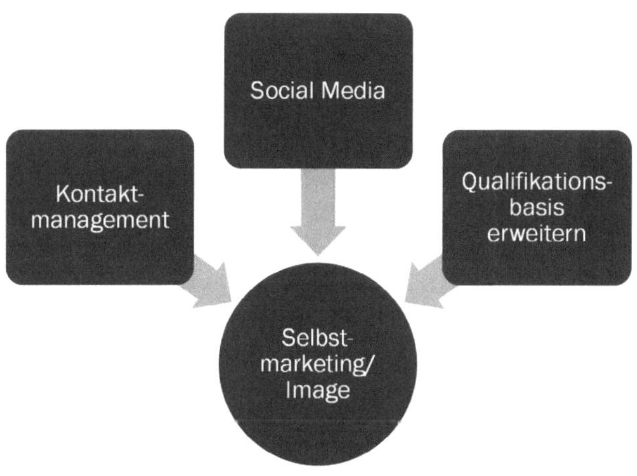

Zentrale Ziele dieses Kapitels

- Die Bedeutung der Wertschätzung gegenüber anderen Personen und Leistungen erkennen
- Strategien für den Umgang mit einzelnen Kontakten ableiten
- Positive und negative Effekte von Social Media verinnerlichen
- Den eigenen Social-Media-Auftritt gezielt steuern
- Qualifikationsoptionen identifizieren und optimieren

7.1 Informationen zum Selbstmarketing

Was ist Selbstmarketing?

Selbstmarketing hat zum Ziel, sich der Umwelt als interessante Persönlichkeit darzustellen, d.h. authentisch zu sein und gleichzeitig überzeugend aufzutreten. Ihr Verhalten darf aber nicht zu narzisstisch wirken. Zum Selbstmarketing gehört es auch, den wichtigen Personenkreis für sich selbst festzulegen. Überlegungen hierzu haben Sie bereits bei Ihrer Stakeholderanalyse gemacht (vgl. Kap. 2.5). Um ein optimales Selbstmarketing zu realisieren, müssen sowohl die eigenen Ziele (vgl. Kap. 2.5) als auch die eigenen Qualifikationen geklärt sein (vgl. Kap. 2.4). Im Folgenden werden das allgemeine Kontaktmanagement und speziell das Social-Media-Marketing angesprochen. Aufgrund seiner zunehmenden Bedeutung wird Letzterem ein separates Unterkapitel gewidmet. Danach werden Optionen erläutert, um die eigene Qualifikationsbasis neben dem Studium zu erweitern. Sie kennen den Spruch: *„Von nichts kommt nichts."*

7.2 Kontaktmanagement

Studienzeit: Das Kontaktparadies

Studienzeit bedeutet Kontaktmanagement pur. Sie bauen zu einer Reihe von Kommilitonen Beziehungen auf, die Ihnen später einmal Nutzen bringen könnten: Gute Freunde aus der Studienzeit könnten in ferner Zukunft z.B. einmal in wichtige Kaderpositionen gelangen und auf Ihre Hilfe als Mitarbeiter zurückgreifen wollen (vgl. Kap. 7.2.3). Die Vorteile sind aber meist bereits während der Studienzeit selbst spürbar: Je mehr Kontakte Sie während dieser Zeit pflegen, desto mehr Informationen erhalten Sie, etwa hinsichtlich Prüfungen oder Praktikumsstellen. In der Studienzeit geht es aber nicht nur darum, neue Kontakte zu finden, sondern auch bestehende zu managen und den Kontakt zu Hochschulmitarbeitern zu pflegen. Ein paar Anregungen hierzu finden Sie in den folgenden Ausführungen in diesem Kapitel.

7.2.1 Das Gegenüber verstehen und wertschätzen

Hineindenken ist angesagt

Um selbst verstanden zu werden, sollte man zunächst versuchen, sich in das Gegenüber hineinzuversetzen. Versuchen Sie z.B. zu erkennen, was und wie Dozierende oder Kommilitonen denken, um sie optimal anzusprechen und mit ihnen umzugehen. Es geht um emotionales und intellektuelles Verständnis. Das ist übrigens keine andere Situation als in Bewerbungsgesprächen bei Unternehmen. Auch dort müssen Sie über die Motivation der gegenüber sitzenden Person genau nachdenken und deren Reaktionen abschätzen.

Wertschätzung zeigen

Am Ende eines Gesprächs ist es wichtig, eine (ehrliche) Wertschätzung zu zeigen. Sie können z.B. nach einer gelungenen Projektarbeit gegenüber Ihren Studiengruppenkollegen erwähnen, dass Sie durch das Lernen im Team wichtige neue Impulse erhalten haben. Dozierende könnten Sie für deren gute Lehre loben (z.B. in Evaluationen oder persönlich). Hierdurch können Sie ein gutes Verhältnis zu Lehrpersonen aufbauen. Dies kann auch einen Einfluss auf die Notengebung haben. Sympathie kann positiv auf die Notenfindung wirken, Antipathie negativ. In den mündlichen Prüfungen sind die Bewertungsfreiheiten für den Dozierenden meist größer, hier ist die Chemie also eher relevant. Beachten Sie aber, dass Sie bei Ihren Aussagen authentisch sind, alles andere wirkt „geschleimt“ und kommt schlecht an.

Studi-Tipp: Betreuer/in für eine Bachelorarbeit suchen

Sie haben ein eigenes Thema für eine Bachelorarbeit erdacht, das Sie mit einem früheren Praktikumsgeber durchführen wollen. Ihnen fehlt allerdings noch der geeignete Betreuer/die geeignete Betreuerin. Sprechen Sie gezielt Ihre Lieblingsdozierenden an und machen Sie sich vor dem ersten Gesprächstermin Gedanken darüber, warum das Thema den Dozierenden oder die Dozierende zur Betreuung anregen könnte. Dafür müssen Sie selbstverständlich deren Themenschwerpunkte und Interessen kennen – Informationen, die sich normalerweise sehr leicht im Internet recherchieren lassen. Denken Sie zudem darüber nach, welchen Nutzen der/die Dozierende aus dem Thema und aus Ihrer Leistung ziehen könnte. Danken Sie nach dem Gespräch für die wichtigen Impulse für Ihre Bachelorarbeit.

Studi-Tipp: Als wissenschaftliche Hilfskraft bewerben

Oft gibt es an Hochschulen eine Reihe von Stellenangeboten für wissenschaftliche Hilfskräfte, die gerade Vollzeitstudierenden einen kleinen Zusatzverdienst sichern können. Laut einer Forsa-Studie aus dem Jahr 2020 ist dies der beliebteste Nebenjob von Studierenden. Vor einem Gespräch mit dem Lehrstuhlinhaber oder seinem Vertreter müssen Sie über die Forschungsschwerpunkte des Lehrstuhls und die Vita des Gegenübers informiert sein. Besorgen Sie sich auch Informationen über aktuelle und künftige Entwicklungen des Fachgebietes und sprechen Sie diese im Gespräch geschickt an. Aus dem Vorstellungsgespräch wird durch Ihre Informiertheit ein interessanter Austausch. Danken Sie nach dem Gespräch für die aussagekräftigen Einblicke in die Arbeit des Lehrstuhls.

Sprechen Sie Klartext

Die Kommunikation darf gegenüber anderen bei allem Verständnis nicht zu unbestimmt wirken. In unserer Sprache finden sich viele so genannte Weichmacher, also solche Begriffe, die den Inhalt einer Aussage relativieren. Beispielsweise *„ein wenig"*, *„ein bisschen"*, *„ich könnte"* oder *„prinzipiell"*. Durch den Gebrauch solcher Wörter schwächt man die eigene Meinung ab. Dadurch wirken Sie unbestimmt und flatterhaft. **Weichmacher** eignen sich vornehmlich in Konfliktsituationen, um eine Meinungsverschiedenheit nicht eskalieren zu lassen.

Richtig Feedback geben und nehmen

Feedback geben und nehmen ist nicht so leicht, Sie sagen sich vielleicht auch: „Wenn ich mal jemandem die Meinung sage, ist er gleich eingeschnappt." Die Ursache ist klar: Ihr Feedback funktioniert nicht. Aber das ist gerade im Studium besonders wichtig, denn Sie arbeiten mit Mitstudierenden eng in Lernteams oder in der Projektarbeit zusammen. Und zum Erfolg einer Gruppenarbeit trägt auch bei, sich kritisch die Meinung zu sagen – zumal dadurch die Persönlichkeitskompetenz verbessert wird. Feedback ist aber nicht nur im Studium, sondern auch bei Praktika gefordert. Für das Äußern von Kritik berücksichtigen Sie einfach folgende fünf Regeln aus Tabelle 19.

	Kurzbeschreibung	Bedeutung und Beispiel
1	Feedback als Ich-Botschaft	Wenn Sie aus Ihrer eigenen Sichtweise sprechen und nicht aus der anderer, fällt es dem Beteiligten leichter, das Feedback zu akzeptieren, z.B. *„Meiner Wahrnehmung nach arbeitest Du nicht richtig in der Gruppe mit"* und nicht *„Jeder merkt, dass Du nicht richtig mitarbeitest"*. Ansonsten ist es eine Pauschalkritik.
2	immer sachlich bleiben	Eigene Urteile und Interpretationen sind ebenso wie Schimpfen und Beleidigen völlig unangebracht. Kritik sollte sachlich angebracht werden. *„Das war ja mal wieder absoluter Müll"* ist als Aussage tabu.
3	mit positiven Aspekten beginnen	Es ist für keinen leicht, Kritik hinzunehmen. Wird eine Aussage sofort mit Kritik begonnen, dann sperrt sich der Angesprochene schnell. Zuerst sind also bei einem Feedback die positiven Seiten zu betonen. Nach der „Sandwich-

		Theorie“ ist es sinnvoll, jede negative Kritik zwischen zwei Schichten von positiven Aspekten einzubetten.
4	Rückmeldungen nicht aufschieben	Es nützt wenig, wenn Sie jemand Wochen später sagen, was Ihnen nicht gefallen hat. Er wird die Aktion vielleicht sogar nicht mehr direkt zuordnen können. Daher sollten Probleme schnellstmöglich angesprochen werden.
5	konstruktiv sein	Es ist schön, wenn in das Feedback gleich Verbesserungsanregungen für die Zukunft einfließen, z.B. *„Ich denke, es wäre sinnvoll, wenn Du Dir Meilensteine setzen würdest“.*

Tab. 19: Feedback-Regeln

Das Annehmen eines Feedbacks ist, wie gesagt, keine leichte Kost. Aber es nutzt wenig, wenn Sie den Feedback-Geber permanent bei dessen Ansprache unterbrechen. Hören Sie erst einmal zu! Auch ein Rechtfertigen oder Verteidigen sollte vermieden werden, denn der andere trägt schließlich seine individuelle Beobachtung vor. Dessen Meinung ist also erst mal zu akzeptieren. Das schließt nicht aus, nachzufragen, was der Feedback-Geber mit einer speziellen Aussage meint. Sie können kein Feingefühl aufbauen, wenn Sie nichts von dessen Aussagen verstehen. Verständnisfragen sind also absolut erlaubt.

7.2.2 E-Mail-Kommunikation

E-Mails richtig kennzeichnen

Beim Schreiben einer E-Mail sind einige Aspekte zu beachten. Vergessen Sie nicht die Betreffzeile. Diese gehört mit der Absenderadresse zu den ersten Angaben, die der Empfänger einer E-Mail sieht. Es ist eine kurze und prägnante Aussage gefragt, worum es in der Mail geht. Leere Betreffzeilen sind in diesem Fall wenig vorteilhaft.

Da z.B. Dozierende am Tage häufig sehr viele Mails erhalten, kann die Betreffzeile auch ein Kriterium sein, diese E-Mails als unwichtig anzusehen und zu löschen. Wenn ein Empfänger unmittelbar auf die E-Mail wartet und direkte Kommunikation gefragt ist, kann freilich schon einmal auf einen Betreff verzichtet werden.

Offizielle Kontakte verlangen ein gewisses Niveau

Wählen Sie eine passende Mailadresse, denn sie gibt einen gewichtigen Eindruck: Durch eine verwirrende Absenderadresse können Sie sich schnell einen Spamverdacht oder ein Löschen der Mail bescheren. Die Absenderangabe einer E-Mail hat in der Regel zwei Teile, die E-Mail-Adresse und den tatsächlichen Namen (Realname). Auf letzteren wird aber auch gerne einmal verzichtet. Die E-Mail-Adresse als rein technische Angabe kann durch einen Phantasienamen frei gewählt werden, also z.B. „sexystudent123@gmail.com". Eine solche Adresse im Posteingang zu sehen, kann bei konservativen Dozierenden einen negativen Eindruck hinterlassen. Am besten ist es, im Schriftverkehr mit Hochschulangehörigen, die Ihnen offiziell von der Hochschule zugeteilte Mailadresse zu verwenden. Legen Sie auch auf Aspekte wie grammatikalische und orthographische Fehlerfreiheit in jedem Schriftkontakt mit der Hochschule wert.

Es mag sich kleinlich anhören, aber Imageaufbau ist eine langfristige Angelegenheit. Mangelnde Sorgfalt in kleinen Dingen kann das angestrebte Image aber konterkarieren. Schlampig verfasste E-Mails können dabei ein negatives Element sein. Das gilt selbstverständlich nicht nur für Hochschulkontakte, sondern allgemein für wichtige Kontakte.

Eine Signatur erleichtert die Identifikation

Trotz Ihrer Absenderadresse im Nachrichtenkopf einer E-Mail, kann eine **Signatur** am Fußende Ihrer E-Mails weitere Klarheit bringen. Eine Signatur wird vom Text der E-Mail mit zwei Bindestrichen und einem Leerschritt abgetrennt.

Dort können Sie einige relevante Informationen über sich anfügen, wie z.B. Name, Wohnort, E-Mail- und eventuell WWW-Adresse Ihrer Homepage. Ansprechpartner, wie z.B. ein Dozierender oder ein Interviewpartner für eine Expertenbefragung, werden es Ihnen danken.

Nutzen Sie Groß- und Kleinschreibung!

Es ist am besten, wenn Sie an E-Mails die gleichen Ansprüche an die Schreibweise anlegen, wie bei jedem wichtigen Schriftverkehr, jedenfalls wenn sie offiziellen Charakter haben. Unterscheiden Sie also Groß- und Kleinschreibung.

- permanente kleinschreibung kann als zeichen für bequemlichkeit interpretiert werden.
- REINE GROSSSCHREIBUNG WIRKT SO, ALS OB SIE ETWAS BESONDERS BETONEN WOLLEN ODER IM EXTREMFALL, ALS OB SIE SCHREIEN WÜRDEN.

Nicht jede Nachricht wird von anderen diskret behandelt

Das Weiterleiten von E-Mails ist sehr simpel und vielfach mit geringen moralischen Hürden verbunden. Im Vergleich zum klassischen Brief wirken E-Mails weniger persönlich. Es fehlen die Handschrift und die persönliche Unterschrift. Falls Sie also über vertrauliche Inhalte schreiben (z.B. über einen Dozierenden oder Studienkollegen lästern), bedenken Sie, dass die Inhalte durch einen Klick weitergeleitet sind. Es kann sein, dass der Empfänger oder die Empfängerin Ihrer E-Mail mit der Person gut vertraut ist und diese über Ihre Meinung durch die Hintertüre ins Bild setzt. Oder fragen Sie sich nicht gelegentlich, wie die Presse an E-Mails kommt, die von Chefs großer Unternehmen an die engen Mitarbeiter geschrieben wurden?

7.2.3 Umgang mit Kontakten

Soziale Kontakte pflegen

Ein soziales Leben ist für jeden Studierenden wichtig. Mit wenig oder keinen Kontakten steigt das Risiko für Herzinfarkt, Krebs und durch Immunschwäche hervorgerufene Krankheiten.

Individuen mit einem guten Netzwerk stabiler Freundschaften sind auch körperlich in einem besseren Zustand. Die gefühlte Einsamkeit ist allerdings eine Wahrnehmungsfrage und hängt nicht allein von der absoluten Anzahl der sozialen Kontakte ab. In der Regel sind jedoch drei eng befreundete Personen, mit denen Sie regelmäßig und vor allem gern Kontakt haben, genügend. Das im Studium geschaffene Netzwerk hilft oft noch im späteren beruflichen Leben, z.B. bei der Suche nach Jobs. Ein beruflicher Aufstieg wird ohne **Networking** stark erschwert. Ein Engagement im Alumni-Verband der Hochschule zur Kontaktpflege sollte daher genutzt werden.

Kontaktpflege in Maßen

Übertreiben Sie die Intensität der Kontaktpflege nicht, denn dann wird die Studien- und Lernzeit zu sehr eingeschränkt. Beim Mittagessen in der Mensa können Sie z.B. Ihr soziales Netz durch einen zeitlich klar begrenzten Smalltalk pflegen. Viele Unterbrechungen durch Anrufe oder Mails durch Freunde oder Freundinnen sind in erster Linie nur Versuche, sich des Zusammengehörigkeitsgefühls in der Gruppe zu versichern. Prüfen Sie sich selbst, wie hoch Ihr Anteil daran ist, zu viele Schwätzchen zu halten.

Sich in Erinnerung bringen

Bereits in Kap. 1.2.1 wurde die Relevanz des proaktiven Verhaltens erwähnt, das ein elementarer Bestandteil eines guten Selbstmarketings ist. Denken Sie erneut an Ihre Stakeholderanalyse (vgl. Kap. 2.5). Wenn Sie sich z.B. in Lehrveranstaltungen durch gute Fragen von Ihrer besten Seite zeigen, kommen Sie Schritt für Schritt in die Erinnerung von Dozierenden, was für spätere Referenzen oder auch Jobs an einem Lehrstuhl wichtig sein kann. Dafür ist eine gute Vor- und Nachbereitung der Veranstaltung wichtig. Falls Übungsfragen existieren, ist es sinnvoll, diese bereits zu bearbeiten. Auch durch höfliches und freundliches Verhalten bleibt man bei Kommilitonen und Dozierenden in Erinnerung.

7.2.4 Kontaktmanagement in mündlichen Prüfungen

Mündliche Prüfungen meistern

Vorab: Sehen Sie Prüfungen allgemein nicht als Übel an, das Sie von den schönen Momenten des Lebens abhält. Interpretieren Sie Prüfungen vielmehr als Chance, um das eigene Lernverhalten zu korrigieren oder Wissenslücken zu erkennen.

Nun aber zu Erfolgsfaktoren in mündlichen Prüfungen: Dazu kann erneut proaktives Verhalten verhelfen (vgl. Kap. 1.2.1). Zunächst sollten Sie sich gute Startbedingungen durch ein gepflegtes Äußeres sowie Blickkontakt und eine freundliche Begrüßung des Prüfers verschaffen. Proaktives Verhalten zeigt sich auch beim Umgang mit den Fragen. Allgemein erwarten Prüfende eine Reaktion auf ihre Fragen. Antworten sollten laut und deutlich gegeben werden. Studierende sollten zu erkennen geben, dass sie die Frage gehört und verstanden haben. Bei Verständnisproblemen sind Nachfragen wie *„Verstehen Sie Ihre Frage in Richtung ...“* von Ihrer Seite nicht verboten. Während der Prüfung sollte auf die Körpersprache der prüfenden Person, ohne dass diese sich beobachtet fühlt, geachtet werden, z.B. *„Wie reagiert er auf meine Antworten?“*, *„Mit ablehnender oder zustimmender Gestikulation?“*

Körpersprache interpretieren

Lächeln als ein Zeichen der Zuwendung zu deuten oder verschränkte Arme als eine ablehnende Haltung zu interpretieren – das ist Ihnen sicherlich bekannt. Menschen beherrschen aber eine Vielzahl von Gesten, Gesichtsausdrücken und Körperhaltungen, die sich interpretieren lassen. An dieser Stelle werden einige für Prüfungssituationen relevante aufgezählt. In der zweiten Spalte steht, wie Sie darauf reagieren können. Beachten Sie dabei, dass jedes Individuum anders reagiert. Die Aspekte stellen daher eine Verallgemeinerung dar.

Beobachtung/ mögliche Deutung	Reaktion
sehr seltenes Augenzwinkern (Blinzeln) Deutung: Langeweile, Aufmerksamkeit verloren	Versuchen Sie Aufmerksamkeit zu gewinnen durch betontes Reden, Verwenden von sprachlichen Aufmerksamkeitsverstärkern, wie z.B. „Dies sind die Kernaspekte ...“.
geweitete Pupillen Deutung: Interesse	Es könnte sein, dass Sie überzeugen. Bleiben Sie also bei Ihrer Linie, Sie wecken Interesse.
Die Brille hastig abnehmen, die Brille hochschieben. Deutung: Unsicherheit, Verwirrung	Vermutlich haben Sie ein paar Punkte aufgezählt, die nicht hundertprozentig passen oder etwas ausgelassen. Versuchen Sie die weiteren Aspekte genau zu erklären.
Augenbrauen werden angehoben. Deutung: Skepsis, Erstaunen	Es könnte sein, dass Sie in eine falsche Richtung argumentieren. Vielleicht haben Sie auch eine Frage nicht verstanden? Eventuell würde sich ein Nachfragen lohnen.
Kinn streicheln Deutung: Nachdenken, Sicherheit	Sie scheinen die prüfende Person zum Nachdenken oder Reindenken zu bringen. Bleiben Sie dabei, in-

	dem Sie die Thematik vertiefen. Nennen Sie also weitere relevante Gesichtspunkte zu den bisher geschilderten Aspekten.
Blick wandert durch den Raum. Deutung: Desinteresse	Auch hier lohnt es sich, die Aufmerksamkeit durch betontes Reden zu wecken.
Achselzucken/Schulterzucken Deutung: Unsicherheit, Unklarheit	Sie haben z.B. eine Rückfrage gestellt und die dozierende Person ist sich unklar über die Antwort, hier müssten Sie Ihre Frage präzisieren.

Tab. 20: Umgang mit Körpersprache

Vermeiden Sie in jedem Fall, dass Sie in der Prüfung gestresst wirken. In diesen Situationen fassen sich Menschen oft ins Gesicht, wie z.B. Wandern der Finger zur Nasenwurzel, Massieren der Schläfen oder in den Nacken greifen. Dieses Verhalten wird von der gegenüberstehenden Person gerne als Unsicherheit interpretiert. Eine bewährte Strategie in Prüfungssituationen ist die sogenannte Spiegeltechnik, bei der Sie unauffällig kleine Gesten der anderen Personen übernehmen. Das kann signalisieren, dass Sie auf einer Welle und einig sind.

Prüfungsnervosität ist kein Nachteil

Prüfende verstehen Ihre Prüfungsnervosität ganz gut: Sie haben schließlich selbst einmal studiert und Prüfungen absolviert. Außerdem nehmen sie jährlich eine Reihe von Prüfungen ab. Kein Verständnis und Mitleid empfinden sie jedoch, wenn die Nervosität während des Gesprächs andauernd als Ausrede für schlechte Leistungen herangezogen wird. Die Worte *„Ich bin ja so nervös, nur deshalb weiß ich nichts. Gestern konnte ich noch alles.“* können Sie sich also absolut sparen.

An die Verabschiedung denken

Ein gutes Ausklingen der Prüfung sollte durch einen Abschied mit Blickkontakt zu den Prüfenden sowie den Protokollierenden erfolgen. Wird Ihnen die Hand entgegengestreckt, erfolgt die Verabschiedung zusätzlich mit Händedruck. Inwieweit diese Verhaltensweise in Zeiten nach der Corona-Krise oder anderen kommenden Pandemien wieder beziehungsweise weiter gepflegt wird, ist noch nicht abzusehen.

7.2.5 Kontaktmanagement in Online-Lehre und -Prüfung

Online boomt

Wie in Kapitel 4.4.2 schon angesprochen wurde, sind Video-Konferenzen aus dem Studienleben kaum mehr wegzudenken. Auch Online-Lehre und -Prüfungen finden daher teils im virtuellen Raum statt.

Schaffen Sie sich einen Ruheraum

Wichtig ist, dass Sie für die Online-Lehre etwas Ruhe haben und Störungen vor allem bei Prüfungen vermieden werden. Sie kennen sicher die vielen lustigen YouTube-Videos von Videokonferenzen, in denen eine andere Person fragend ins Bild rennt. In einer WG ist da schon mal ein Hinweis „Bin in Online-Lehre – nicht stören“ an der Tür sinnvoll. Ebenso sollten Sie prüfen, ob Sie auch ausgeloggt sind. Erst dann sollten Sie im Zweifelsfall lästern oder schimpfen.

Machen Sie einen Testlauf

Sinnvoll ist ein Testlauf mit einem Freund, einer Freundin oder einem Familienmitglied. Dort können Sie die Internetgeschwindigkeit und Konnektivität testen. Falls Sie mit dem Programm noch nicht genügend vertraut sind, können Sie auch dieses prüfen.

Versuchen Sie einen guten Eindruck zu vermitteln

Denken Sie daran, dass Sie zu sehen sind – zumindest von der Taille aufwärts. Also kleiden Sie sich angemessen, auch wenn Sie in einer entspannten häuslichen Umgebung sind. Nur eine Badehose im Sommer, also ein freier Oberkörper kann einen extrem negativen Eindruck und ein paar Lacher hinterlassen. Kleiden Sie sich einfach genauso wie in einer Präsenzlehrveranstaltung oder Prüfung. Blickkontakt, soweit dies online möglich ist, sollte auch hergestellt werden: Sie sollten daher bei der Kommunikation in Ihre Kamera und nicht auf den Bildschirm, ein Buch an der Seite oder sonst wohin schauen. Mit dem Blickkontakt zeigen Sie Ihre Sozialkompetenz, d.h. dass Sie in einer entfernten Umgebung ein Gespräch führen können.

7.3 Social-Media-Marketing

Wissenswertes über Socia-Media-Marketing

Beim Social-Media-Marketing geht es um die bestmögliche Nutzung sozialer Netzwerke für Marketingzwecke – hier für die eigene Person – und dafür haben Sie einen weiten Raum: Im Social Media bieten sich eine Menge von Optionen, das persönliche digitale Erscheinungsbild zu kreieren. Sie schaffen dadurch Ihre eigene **Marke** im Netz, deren Erscheinungsbild Sie steuern und optimieren können, um ein gutes Image aufzubauen. Für ein zukunftsorientiertes Selbstmarketing eignen sich etwa **Businessnetzwerke** wie *XING* und *LinkedIn*, aber auch *facebook* oder *Instagram* bieten gute Ansätze (vgl. Kap. 7.3.2).

7.3.1 Imagepflege

Pflege Dein Image im Netz

Es ist zu empfehlen, regelmäßig den eigenen Namen zu googeln oder spezialisierte Suchmaschinen wie *yasni* zu nutzen.

Leider können bei der Suche auch negative Einträge zutage treten. Wenn solche Einträge bestehen, gibt es zwei Möglichkeiten im Umgang damit: Löschung oder Verdrängung.

Bei der **Verdrängungstaktik** versucht man mit dem Einsatz von Social Media und Suchmaschinenoptimierung »positive« Suchergebnisse möglichst weit oben in den Suchergebnissen zu platzieren und auf diese Weise das eigene Online-Erscheinungsbild im besten Licht erscheinen zu lassen. Das **Löschen** von Daten ist kein leichtes Unterfangen. Ein rufschädigendes Bild unter *facebook*, das den Betroffenen wild feiernd zeigt, kann zwar entfernt werden, ist aber dennoch oft über Wochen im Netz auffindbar. Dies liegt im Zwischenspeicher (Cache) von Suchmaschinen wie bei *google* begründet. Dort bleiben die Einträge noch circa vier Wochen abrufbar, auch wenn sie von der betreffenden Website gelöscht wurden. Diese Dauer verlängert sich, sobald der Speicher angeklickt wird. Wer also selbst im Cache nachpruft, ob der Eintrag gelöscht ist, verzögert den Löschprozess wahrscheinlich. Allgemein ist zu beachten, dass Informationen über die eigene Person weltweit abgerufen, beliebig kopiert, kombiniert, verändert und wieder veröffentlicht werden können. Beachten Sie, dass die Verantwortung zum Schutz Ihrer Daten bei Ihnen selbst liegt und rechnen Sie damit, gegoogelt zu werden. Es kann nicht oft genug betont werden: Inwieweit Sie Ihre Privatsphäre zur Schau tragen, hängt wesentlich von Ihnen selbst und Ihrem direkten Umfeld ab.

Sie haben es teils selbst in der Hand

Welchen Zugang Personaler zu Ihren Daten haben, hängt oft von der Quelle ab, in der sie suchen. Es existieren öffentlich zugängliche Daten, auf die die Allgemeinheit und damit auch Personaler Zugriff haben. Hierbei handelt es sich um Daten, die z.B. über Suchmaschinen wie Google oder Bing recherchierbar sind. Es sind allerdings auch Netzwerke vorhanden, in denen Sie den Zugang zu Ihren Daten beschränken können – auf andere Netzwerkmitglieder, Freunde oder eigene

Kontakte. Dies lässt sich bei den meisten leicht auswählen. Prüfen Sie Ihre Möglichkeiten, damit Ihre Intimsphäre bestehen bleibt.

Prüfen Unternehmen ihre Bewerber im Netz?

Aufschluss über das Überprüfen von Bewerbenden (auch: Bewerber-Screening) mag eine Studie von CareerBuilder (2015) geben, bei der mehr als 400 Personaler aus Deutschland Antwort gaben: 56 % der Arbeitgeber haben bereits auf sozialen Netzwerken geeignete Kandidaten geprüft. Dabei wurden nicht nur professionelle Netzwerke wie XING gesichtet. 81 % der Unternehmen, die eine Prüfung durchführten, kontrollierten auch das Facebook-Profil sowie 33 % den Twitter-Feed. Der Studie „JobTrends 2017“ vom Staufenbiel Institut und Kienbaum Consultants zufolge werden die Personaler in vielen Fällen nicht (tief) tätig. Lediglich 3 % aller Personaler prüfen jeden Bewerber im Social Web. Hingegen checken fast 30 % den Webauftritt in Einzelfällen. Beim reinen Googlen liegen die Werte höher. Fix zum Screening-Prozess gehört das Vorgehen bei 6 %, knapp die Hälfte führt die Google-Recherche in Einzelfällen durch. Negative Konsequenzen lassen sich aus der Studie klar ableiten: In knapp 12 % der Fälle hat aus dem Online-Bewerbercheck eine Absage resultiert. In den USA fanden gemäß dem Recruiter Nation Survey 2020 von Jobvite sogar über 80 % der Personalrecruiter direkt über Social Media-Plattformen einen geeigneten Mitarbeiter. Besonders beliebt dabei waren Auswahl, Ansprache und Kommunikation über die Karriereplattform LinkedIn (72 %) gefolgt von Facebook (60 %), Twitter (38 %), Instagram (37 %), Glassdoor (36 %) und YouTube (27 %). Gerade für die jüngere Generation werden aber auch TikTok und Snapchat genutzt.

Das Internet ist nicht alles

Es ist zu beachten, dass HR-Beauftragte durch die Analyse sozialer Netzwerke wichtige Informationen über Bewerber erhalten. Hieraus ergibt sich aber kein ganzheitliches Bild, denn Zeugnisse und Referenzen fehlen meist völlig. Kosten und Nutzen einer detaillierten Recherche sind daher im Einzelfall abzuwägen. Aus diesem Grund wird besonders intensiv bei der Besetzung von verantwortungsvollen Positionen recherchiert. Die Kosten, die eine Fehlbesetzung verursachen würde, sind enorm. Gerade angesichts des Fachkräftemangels kann es aber auch vorkommen, dass geeignete Kandidaten aktiv über das Netz angesprochen werden, ohne Ausschreibung der Stelle.

7.3.2 Auswahl der Community

Welche Community wähle ich?

Es bestehen zahllose soziale Netzwerke. Bekannte Beispiele sind *facebook*, *YouTube* oder *Twitter*. Daneben existieren berufliche Netze wie *XING* oder *LinkedIn*. Nicht zu vergessen wäre auch das Alumni-Portal Ihrer Hochschule. Alles, was Sie veröffentlichen, ist bis zu einem gewissen Grad für alle Nutzer des Webs einsehbar. An Ihnen liegt es, die Community auszusuchen, die Ihnen am sinnvollsten erscheint. Unterscheiden Sie zwischen privaten und späteren beruflichen Interessen. Hinsichtlich der beruflichen Perspektive könnte für Studierende im Studiengang Business Administration beispielsweise *XING* ganz interessant sein.

Präsentation in der Community

Grundlage ist ein Profilbild, das ein positives äußeres Erscheinungsbild vermittelt. Dann sollten Sie nach potenziellen Kontakten Ausschau halten. Dies können Mitstudierende, aber auch Dozierende der Hochschule sein. Unter der Rubrik „berufliche Laufbahn“ wäre zumindest Ihr Studium zu nennen. Je nach Netzwerk gibt es unterschiedliche weitere Optionen und Gestaltungstipps – googeln Sie einmal danach. Nachdem Sie Ihr Profil gestaltet haben, sollten Sie in dem Netzwerk auch aktive Präsenz (z.B. durch Beiträge in Foren oder Blogs) zeigen. Sehr wichtig ist es auch, Ihre persönlichen Daten auf dem aktuellsten Stand zu halten. Folgen Sie also deshalb nicht blind jeder Einladung zum Eintritt in ein neues Netzwerk. Es ist viel zu schwierig, alle Ihre Angaben in vielen Netzwerken permanent zu aktualisieren. Wenn Sie Ihren Kontakten Neuigkeiten posten wollen, bedenken Sie, dass die Inhalte möglichst attraktiv sein sollten, damit sie Interesse wecken. Die hundertste Mitteilung über den derzeitigen Gefühlszustand interessiert schnell niemand mehr – da funktionieren Karrierenetzwerke auch nicht anders als *Facebook*. Prüfen Sie allgemein anhand folgender Tabelle, ob Sie gewisse Grundverhaltensregeln befolgen:

erfüllt	Prüfaspekt
☐ ja ☐ nein	Sind Ihre privaten Fotos angemessen? (z.B. nackt am Strand, betrunken in einer Ecke)
☐ ja ☐ nein	Lästern und tratschen Sie über Ihre Hochschule? (Dozierende oder andere Mitarbeiter könnten dies lesen.)
☐ ja ☐ nein	Haben Sie notwendige Sicherheitseinstellungen aktiviert?
☐ ja ☐ nein	Prüfen Sie Ihre veröffentlichten Ansichten? (z.B. Hobbys, politische Ansichten, Familienstand)
☐ ja ☐ nein	Prüfen Sie Ihre Freundschaftsanfragen? (Wenn die Freunde etwas Negatives publizieren, könnte dies unter Umständen auf Sie zurückfallen.)
☐ ja ☐ nein	Achten Sie auf das Urheberrecht? (z.B. bei Bildern oder Kommentaren, es könnten Klagen drohen)

Tab. 21: Prüfung der Grundverhaltensregeln im Netz

7.3.3 Gesundheitsgefahren

Suchtpotenzial von Social Networks

Eine Steuerung des Images im Netz bedeutet nicht, dort 10 bis 15 Stunden täglich zuzubringen. Die Folge eines solchen Verhaltens wären nicht nur tiefliegende Augen oder eine blasse Gesichtsfarbe, sondern vielmehr, dass keine ausreichende Zeit mehr für das Studium bliebe oder im Extremfall Essen, Trinken oder Waschen vernachlässigt würden. Planen Sie die Zeit im Netz daher in Ihren Terminplan ein (vgl. Kap. 3.4.3), sonst entsteht schnell ein Zwang, sich auf sozialen Netzwerken einzuloggen und die neuesten Meldungen der Freunde und Bekannten lesen zu müssen. In diesem Fall würde ein klassisches Zeichen einer Sucht, im Speziellen einer **Netzwerk-Sucht** vorliegen. Die Krankheitsbezeichnungen variieren abhängig von der präferierten Plattform (z.B. *Twitter*-Manie oder *facebook*-Sucht).

Beispiel aus der Forschung

Eine Studie der Universität von Chicago (Meikle 2012) kommt zu der Erkenntnis, dass das Suchtpotenzial sozialer Netzwerke höher ist als das bei Zigaretten und Alkohol. Im Gegensatz zu den letztgenannten Drogen kann der Netzwerksucht leichter nachgeben werden, weil die Angebote nahezu kostenlos und immer verfügbar sind. Sogar den Sexualtrieb unterdrückten die Befragten für das Ausleben ihrer Netzwerksucht etwas, wobei Sex und Schlafen trotzdem noch dominant sind. Untersuchungsgegenstand war das Verhalten von 205 Probanden zwischen 18 und 85 Jahren in Deutschland über den Zeitrahmen von einer Woche. Über einen Zeitraum von 14 Stunden verteilt, wurden die Probanden siebenmal täglich kontaktiert. Es galt, bei jedem Kontakt in Erfahrung zu bringen, welches Verlangen in den vergangenen 30 Minuten verspürt wurde. In fast 75 % der Antworten kam ein konkretes Verlangen nach der Nutzung von sozialen Netzwerken zum Vorschein.

Burn-out-Gefahr

In Extremfällen kann das Agieren in virtuellen Communitys sogar zu einem **Burn-out** führen, beispielsweise wenn Studierende versuchen, ihren Online-Identitäten völlig gerecht zu werden. Auslöser für einen Burn-out sind die extreme Informationsflut, die man verarbeiten muss und der Wunsch, sich selbst in einem möglichst positiven Licht darzustellen. Depressive Verstimmungen können eintreten, wenn die eigenen Statusmeldungen keine „Gefällt mir" oder sonstige Kommentare erhalten. Des Weiteren sollten Sie nicht vergessen: Wer viele Stunden in der digitalen Welt verbringt, verliert nicht nur wichtige Lernzeit, sondern auch Zeit, um sich wirklich zu entspannen.

Studi-Tipp: Strategien gegen die Netzwerksucht

Um das eigene Suchtpotenzial zu bestimmen und zu mindern, können Sie einen guten Freund bitten, Ihr Passwort in Ihrer bevorzugten Net-Community für ein paar Tage zu ändern. Der Zugang bleibt Ihnen somit verwehrt. Das könnte der Beginn einer **Social-Media-Diät** sein. Im weiteren Diätverlauf könnten Sie versuchen, sich nur einmal täglich einzuloggen. Unterstützend kann wirken, Applikationen auf dem Handy zu löschen. Eine weitere Alternative: Die Neugier hinsichtlich News und Statusmeldungen über Freunde kann man durch das Deaktivieren einiger Einstellungen (z.B. Mitteilungen per E-Mail) vermindern. Ideal wäre es, permanent einige Tage pro Woche ganz auf das Internet zu verzichten. Um zu verhindern, dass Sie zu lange surfen, hilft auch, den Handywecker einzustellen, z.B. auf 30 Minuten. Dann erhalten Sie ein hörbares Zeichen für das Ende der vorher festgelegten Surfzeit. Vergessen Sie auch nicht die Nutzung von Anti-Ablenkungs-Apps. In Kapitel 3.3 wurden einige davon vorgestellt.

7.4 Qualifikationsbasis erweitern

Alles Selbstmarketing – inklusive einem ausgezeichneten Kontakt- und Media-Management – bleibt nahezu belanglos, wenn Sie nicht angemessen qualifiziert sind. Kurzzeitig schaffen es zwar viele Personen, ohne ausreichende Qualifikation nach oben zu kommen. Langfristig werden jedoch nur wenige solcher Fälle dauerhaft bestehen.

Beispiel aus der Praxis

Ein Betrüger arbeitete 14 Monate lang als Arzt in der Uni-Klinik Erlangen. Während dieser Zeit hat er an über 190 OPs teilgenommen und medizinische Notfälle versorgt. Für den Betrug und die Urkundenfälschung wurde er zu einer Haftstrafe verurteilt. Er führte zwei falsche Doktortitel – in Medizin und Wirtschaftswissenschaften. Auch sein Abiturzeugnis fälschte der vermeintliche Arzt. Sein Betrug war allerdings nicht aufgeflogen, weil einer der Klinikmitarbeiter und Klinikmitarbeiterinnen Zweifel hegte, sondern aufgrund eines anonymen Briefes an die Landesärztekammer. Seine Vorgesetzten ließen sich von Anfang an täuschen – sie übersahen einige Rechtschreibfehler in seiner Bewerbung inklusive der vorgelegten Diplome (z.B. „Franlfurt“ statt „Frankfurt“ oder „Doktor medicnae“ statt „doctor medicinae“).

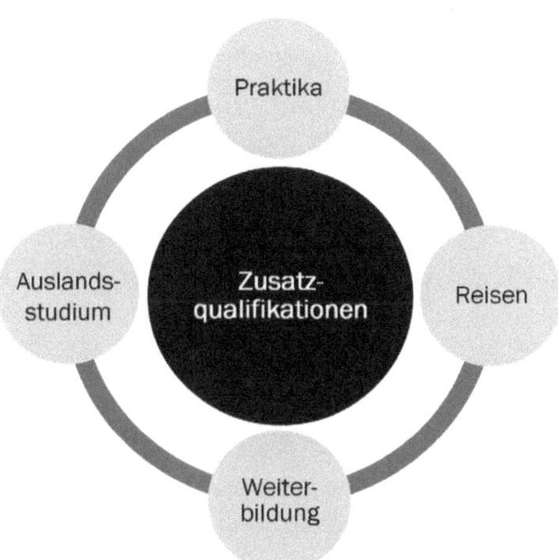

Abb. 40: Überblick über Zusatzqualifikationen

Grundqualifikation ist Ihr Studium

Die grundlegende Qualifikation legen Sie sicher mit Ihrem Studium und Ihrem Studienerfolg. Daneben gibt es aber einige weitere Anlässe, die geeignet sind, dass Sie in einem besseren Licht erscheinen. Ein schöner Zusatzeffekt: Viele von den folgenden Optionen machen auch so richtig Spaß.

7.4.1 Praktika

Wichtige Berufspraxis durch Praktika

Durch Praktika sammeln Sie wichtige Erfahrungen für das Berufsleben und verschönern Ihren Lebenslauf. In der vorlesungsfreien Zeit findet sich immer wieder Zeit für ein Praktikum. Oft sind sie sogar explizit von der Hochschule eingeplant. Damit Ihr Einblick in die Berufspraxis auch genügend tief ist, sollte es mindestens einen Monat dauern. Zudem sollten Sie mehrere Facetten des Berufs und gegebenenfalls unterschiedliche Branchen kennenlernen. In vielen Fällen gewinnen Sie im Praktikum Kontakt zu einem späteren Arbeitgeber. Oder andersherum erkennen Sie, dass der Arbeitgeber ganz andere Werte vertritt als Sie und Sie aus dem Grund keinesfalls für ein solches Unternehmen später arbeiten wollen. Dauer und Aufgabenbereich eines Praktikums sind individuell. Sie sollten mit dem Praktikumsgeber allerdings genau über Ihre Aufgabenbereiche sprechen, sonst werden Sie schnell für allerlei Tätigkeiten missbraucht (z.B. Kopierarbeiten, Kaffee holen). Machen Sie sich aber vorher klar, es wird nicht immer ein Wunschkonzert. Unliebsames ist auch einmal Bestandteil eines Praktikums.

Praktika als wichtige Orientierung

Gerade in den ersten Semestern des Studiums und der neuen Welt Hochschule fehlt oft noch die Orientierung, ob der eingeschlagene berufliche Weg der sinnvollste ist und welche Jobalternativen dieser bedingt. Teils ist sogar noch eine große Unschlüssigkeit vorhanden, ob überhaupt das Studium passt. Praktika bieten hier eine wegweisende Orientierung. Auch wenn das Praktikum und der Berufsweg sich dann als falsch erweisen, haben Sie durch das Praktikum Erfahrung gesammelt. Bei der Suche nach einem für Sie geeigneten Beruf sind Sie weitergekommen. Womöglich wird durch dieses Vorgehen ein beruflicher Fehlstart verhindert. Praktika stellen also immer eine Station auf Ihrem Weg dar.

Ohne Eigeninitiative kein Praktikum

Bei der Suche nach der passenden Stelle ist Eigeninitiative und Durchhaltewillen angesagt – jedenfalls in den Fällen, wenn keine Praktikumsplätze durch die Hochschule offeriert werden. Beliebte Praktika sind bereits ein halbes Jahr und mehr vor dem Stellenantritt vergeben. Arbeiten Sie also frühestmöglich Stellenangebote durch. Starten Sie auch Initiativanfragen bei Wunschunternehmen. Sie können auch gleich eine Bewerbung senden, die aus einem förmlichen Anschreiben mit der besonderen Herausstellung Ihrer Motivation, einem Lebenslauf und Zeugnissen besteht. Falls das Unternehmen Interesse hat, werden Sie im nächsten Schritt zu einem Bewerbungsgespräch eingeladen. Das Gesprächsergebnis führt im Idealfall zum erhofften Praktikumsplatz.

Im Ausland für das Berufsleben qualifizieren

Wenn Sie Ihr Praktikum im Ausland absolvieren, gewinnen Sie neben der Berufserfahrung noch Sprachkenntnisse und demonstrieren zentrale Soft Skills, wie Offenheit und interkulturelle Kompetenzen. Umfangreiche Hilfe bei der Suche bringen Vermittlungsbüros. Bedenken Sie aber, dass Praktika in einigen Ländern nicht bezahlt werden.

Geld steht nicht im Vordergrund

Machen Sie sich bei der Praktikumssuche eins klar: Sie werden kein Vermögen verdienen. Der Ausbildungszweck hat Vorrang gegenüber dem Verdienst. So sehen es auch die meisten Unternehmen und geben nur wenige hundert Euro für die Tätigkeit.

Lehrkräfte sollten weitere Praxis nicht vergessen

Für zukünftige Lehrkräfte sind Schulpraktika im Studium bereits eingeplant. Diese sind relevant, um das Leben in der Schule aus Sicht einer Lehrkraft zu sehen. Dadurch wird ein besserer Einblick in die Ziele von Schulen und das Rollenverständnis von Lehrpersonen allgemein gewonnen. Bisher war ja die Sicht von Schülerinnen und Schülern vorhanden. Zudem wird in vielen Fällen ein Nebenjob ausgeführt, der lukrativer als ein Praktikum ist. Trotzdem ist es sinnvoll, im Rahmen von Praktika z.B. andere Bildungs- oder Weiterbildungseinrichtungen zu erkunden. Es bieten aber auch Unternehmen aus der Wirtschaft Praktika für angehende Lehrkräfte an, d.h. Sie verlassen den „geschützten“ schulischen Raum und arbeiten eine Zeit in der Wirtschaft. Als spätere Lehrkraft hätten Sie die berufliche Wirklichkeit durch diesen Schritt aus erster Hand kennengelernt und können Jugendlichen gegenüber anders auftreten.

7.4.2 Auslandsstudium

Im Ausland Impulse gewinnen

Es bestehen einige Formen für ein **Auslandsstudium**: Sie studieren komplett im Ausland oder Sie studieren in Absprache mit Ihrer Hochschule ein oder zwei Semester an einer ausländischen Hochschule. Wenden wir uns letzterer Alternative zu. Während der begrenzten Studienzeit im Ausland belegen Sie an der fremden Hochschule Fächer, deren Leistungsnachweise für Ihr Studium anerkannt werden. Viele Hochschulen haben eine Vielzahl von Partnerhochschulen, für die Sie sich bewerben können. Sprechen Sie also die Auslandsbeauftragten Ihrer Hochschule an. Akzeptiert werden in der Regel auch plausible, eigene Vorschläge von Studierenden. Also auch hier sind wieder Planung und Koordination gefragt. Alles lässt sich aber nicht völlig durchplanen, wie z.B. eine Pandemie. Die Corona-Krise hat leider viele Planungen von Studierenden durcheinandergebracht und einen Auslandsaufenthalt unmöglich gemacht.

Gleich ganz ins Ausland

Bei der Planung eines vollständigen Auslandsstudiums sind Sie in Ihrer Entscheidung frei, z.B. können Sie nach einem Bachelor in Deutschland einen Master in den USA anstreben. Ein Studium im Ausland verlangt in beiden Fällen viel Planung. Damit sollten Sie ein bis zwei Jahre vor dem gewünschten Starttermin beginnen. Abb. 41 illustriert Aspekte, die Sie bei der Planung einbeziehen müssen.

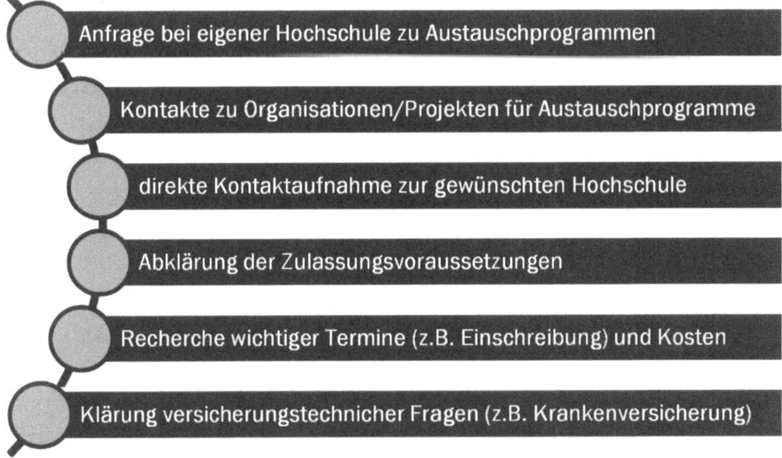

Abb. 41: Planungsaspekte für ein Auslandsstudium

Nutzen des Auslandsstudiums

In vielen Studienfächern wird ein Auslandssemester als elementare Grundvoraussetzung für eine spätere berufliche Karriere genannt. Dies mag der Grund sein, warum mehr als 30 % der Studierenden ihr Glück im Ausland versuchen. Vorteilhaft ist das Auslandsstudium sicher für das Erlernen und

Vertiefen einer Fremdsprache sowie für die Persönlichkeitsbildung. Ebenso wie im Rahmen eines Auslandspraktikums demonstrieren Sie im Lebenslauf zentrale Soft Skills, wie Offenheit und interkulturelle Kompetenzen. Es kann auch die Vorbereitung für ein gewünschtes Berufsleben in einem anderen Land sein, denn Sie können viele internationale berufliche Kontakte knüpfen. Ebenso können Sie einen anerkannten internationalen Abschluss erwerben. Dafür sollten Sie sich über die Qualität der Hochschule genau informieren. Ist die Hochschule z.B. akkreditiert? Und eins sollte man nicht vergessen: Sie haben Ihren aktuellen Freunden und Ihrer Familie während und nach dem Aufenthalt viel zu erzählen und gewinnen im Ausland neue Freunde.

Summersession als Studienalternative

Summersessions, die vor allem von einigen nordamerikanischen Universitäten in den Semesterferien in der Zeit zwischen Mai und September angeboten werden, sind eine besondere Form des Auslandssemesters. Es handelt sich dabei um sehr konzentrierte Kompaktseminare mit einer Dauer von drei bis zwölf Wochen. Während dieser Zeit belegen die Studierenden Kurse aus dem Lehrangebot der Universität. Für die Angebote werden Credits verteilt. In Absprache mit dem Auslandsbeauftragten Ihrer Hochschule ist es oft realisierbar, die belegten Kurse für Ihr Studium anrechnen zu lassen. Die Kosten für Studiengebühren, Flug und Aufenthalt sind freilich meist enorm. Demgegenüber steht ein besonderes Studienerlebnis unter brillant organisierten Studienbedingungen als Nutzen. Man erlebt zudem einen typisch nordamerikanischen Universitätscampus. Da die Teilnehmenden aus allerlei Ländern kommen, können vielfältige internationale Kontakte geknüpft werden. Neben der Studienzeit besteht in der Regel ein vielfältiges Angebot an Freizeitaktivitäten. In der Zeit der Corona-Pandemie in 2020/21 waren die Programme stark eingeschränkt – diese Faktoren sind in Ihrer langfristigen Planung schwer einzubeziehen.

7.4.3 Weiterbildung

Angebote Ihrer Hochschule analysieren

Je nach Studienrichtung können Sie an Ihrer Hochschule Ausschau nach interessanten Alternativen in anderen Studiengängen halten. Sie können damit ein interdisziplinäres Zusatzstudium starten. Teils bestehen an Hochschulen extra Angebote in dieser Richtung. Informieren Sie sich!

Volkshochschulen nicht vergessen

Neben dem Hochschulangebot können Sie Kurse an einer Volkshochschule belegen. Als Betriebswirt/in wäre z.B. ein Kurs in allgemeiner Psychologie oder als Germanist/in ein Kurs über Grundlagen der Wirtschaft geeignet. Es finden sich genug passende Optionen, wobei die Angebote verhältnismäßig günstig sind.

Ein neues Sprachgefühl durch Sprachreisen

Sprachreisen sind meist auch **Sprachferien** und damit eine Kombination aus Weiterbildung und Entspannung. Sie besuchen dabei eine schöne Stadt und belegen entweder einen ganz- oder einen halbtägigen Sprachkurs. Der Vorteil gegenüber einem Kurs im Heimatland ist, dass das Lernen meist leichter fällt. Insbesondere, wenn Sie die Sprache bei jedem Einkauf oder in einer Familie gleich anwenden müssen. Des Weiteren erhalten Sie einen sehr nachhaltigen Einblick in das Alltagsleben, die Sitten und Gebräuche Ihres Gastlandes. Wenn Sie dies nicht nutzen können, wäre ein kostengünstiger Kurs an einer Volkshochschule oder an Ihrer Hochschule die womöglich bessere Alternative.

7.4.4 Reisen

Die Welt erkunden

Sie können auch ohne vorher abgesprochene Auslandspraktika die Welt bereisen. Für Studierende gibt es immer mal wieder günstige Angebote für Weltreisen. Hier gewinnen Sie tolle Eindrücke. Nutzen Sie einmal in Ihrem Studienleben die Semesterferien völlig und bereisen Sie die Welt, nehmen Sie sich vielleicht auch ein Freisemester. Ähnliche Eindrücke können Sie im späteren Berufsleben über einen so langen Urlaubszeitraum nur noch schwer realisieren. Während der Reise ergibt sich dann vielleicht noch ein Praktikum, wenn man dazu Lust hat. Das ist mir über ein paar gute Verbindungen während einer langen US-Reise einmal in New York passiert.

Warum nicht ein ganzes Gap Year planen?

Nach dem Bachelor wäre sogar die Gelegenheit für eine noch längere Auszeit. Doch diese sollten Sie ausreichend vorbereiten. Im ersten Schritt gilt es herauszubekommen, was Sie sich von der Auszeit versprechen. Gründe könnten beispielsweise in der Verbesserung der Sprachkenntnisse, in einem sozialen Engagement oder dem Kennenlernen neuer Kulturen verankert sein. Daraus können Sie ein Jahresziel (vgl. Kap. 2.5) ableiten, dessen Einhaltung Sie immer wieder mit Reiseaufzeichnungen checken können.

> **Studi-Tipp: Professionelle Anbieter können helfen**
>
> Für die Planung des Auslandaufenthaltes existiert eine Reihe von professionellen Unternehmen. Eine Volunteer-Tätigkeit kann u.a. mit Hilfe von „i-to-i“ (🖱 https://www.i-to-i.com/) vermittelt werden. Bei diesem Anbieter steht allerdings das Unterrichten in englischer Sprache im Vordergrund. Sie müssten also fit in der Sprache sein, Voraussetzung ist in der Regel auch ein entsprechender Sprachkurs. Das Angehen eines längeren Sprachaufenthaltes beispielsweise kann vom privaten Anbieter „Education First“ (🖱 https://educationfirst.org/become-a-volunteer/) betreut werden.

Fast nichts ist umsonst

Die gerade genannten Alternativen sind leider mit Kosten verbunden. Womit schon der wichtige Punkt „Finanzen regeln" erreicht ist. Nicht nur die Vermittlung und Durchführung kostet, sondern zusätzlich fallen z.B. Ermäßigungen für die Krankenversicherung weg. Auch Visa, Post, Impfungen oder die Mitnahmegegenstände stellen weitere Planungsgesichtspunkte dar. Nicht zuletzt sollte auch Zeit nach der Rückkehr eingeplant werden, wie für die Aufnahme eines Master-Studiums oder Bewerbungen für Jobs.

Glossar und Abkürzungsverzeichnis

Adrenalin

Es handelt sich um ein Hormon, das als chemischer Botenstoff (Neurotransmitter) in Stresssituationen ausgestoßen wird. Es bewirkt eine Erhöhung des Blutzuckerspiegels, Steigerung des Blutdrucks und der Pulsfrequenz sowie eine Erweiterung der Bronchien und Pupillen.

Cerealien

Unter Cerealien fasst man Getreide respektive Produkte aus Getreide. Zu unterscheiden sind hierbei gewalzte Röstprodukte wie Flakes, extrudierte Produkte wie beispielsweise Froot Loops, Getreidepuffs oder geschredderte Cerealien.

Cloud

Eine Cloud ist eine externe „Rechnerwolke“, d.h. die Infrastruktur wie Speicherplatz, Plattformen und Software wird von einem externen Anbieter bereitgestellt.

Disposition

Eine Disposition gibt die Struktur einer wissenschaftlichen Arbeit wieder. Darin sind in der Regel Hauptaspekte (Motivation, Inhalt, Forschungslücke, mögliche Methodik), Gliederungsprinzipien und Literaturquellen der Arbeit dargestellt. Speziell bei umfangreichen Arbeiten ist es sinnvoll, die Disposition dem Betreuer am Beginn der Schreibarbeit vorzulegen und genau zu besprechen.

ECTS

Die Abkürzug ECTS steht für European Credit Transfer and Accumulation System. ECTS wurde 1989 im Rahmen des europäischen Erasmus-Mobilitätsprogramms entwickelt, um die internationale Anerkennung von Studienleistungen zu erleichtern.

Endorphine

Es handelt sich um vom Körper selbst produzierte Morphine. Das Endorphinsystem wird in Notfall- und Glückssituationen aktiviert. Ersteres führt z.B. zur Schmerzminderung respektive -unterdrückung. Bei positiven Ergebnissen führt die Ausschüttung zu einem guten Gefühl. Daher werden Endorphine umgangssprachlich auch gerne als Glückshormone bezeichnet.

Graduate Management Admission Test (GMAT)

GMAT ist ein weltweit standardisierter Test in Englisch, um die Eignung für betriebswirtschaftliche Studiengänge (MBA, aber auch PhD) zu messen. Er wird im Auftrag des GMAC Councils in autorisierten Testzentren in vielen Ländern durchgeführt.

Low-Density-Lipoprotein-(LDL) Cholesterin

Fette (Lipide) wie Cholesterin sind für den Körper Energielieferanten. Da Lipide nicht löslich sind, werden für den Transport an das Fett bindende Eiweiße (Proteine) benötigt. Es entstehen Lipoproteine. Ein solches ist das LDL-Cholesterin, da es aus dem Fett Cholesterin und dem Protein LDL besteht. Seine Aufgabe ist, Fett von der Leber in die Gefäße zu bringen. In der Umgangssprache wird das LDL-Cholesterin als „schlechtes Cholesterin" bezeichnet. Es kann zu Fettablagerungen in den Gefäßen und damit zu Durchblutungsstörungen führen.

Narzissmus

Selbstbewunderung oder Selbstverliebtheit und übersteigerte Eitelkeit gegenüber der eigenen Person. „Positiver Narzissmus" als bejahende Einstellung zu sich selbst bewirkt ein stabiles Selbstwertgefühl. „Negativer Narzissmus" bedeutet, dass Individuen hauptsächlich sich selbst zugewandt sind und ein eher inaktives Liebesbedürfnis haben und nur lieben, um geliebt zu werden.

Stipendium

Das Wort *Stipendium* kommt aus dem lateinischen und bedeutet so viel wie Zahlung eines Betrages respektive Soldes. Es handelt sich um eine finanzielle oder ideelle Förderung für bestimmte Personengruppen wie Studierende (aber auch z.B. für Sportler/Sportlerinnen, Schüler/Schülerinnen oder Wissenschaftler/Wissenschaftlerinnen). Stipendien werden beispielsweise in Zusammenhang mit besonders guten Leistungen oder politischem und kulturellem Engagement erteilt. Diejenigen, die das Stipendium erhalten, werden als Stipendiat/in tituliert. In jedem Land ist die Praxis der Vergabe sehr unterschiedlich. In den USA etwa sind Sportstipendien weit verbreitet. Diese werden an Sportler/innen mit herausragenden sportlichen Leistungen vergeben, um ihnen damit ein Studium zu ermöglichen.

Tryptophan

Tryptophan ist eine Aminosäure und kann vom menschlichen Körper nicht selbst gebildet werden. Die Zufuhr ist also durch Nahrung zu leisten. Die Wirkung ist stimmungsaufhellend, beruhigend, schlaffördernd und gewichtsreduzierend.

Volkshochschule (VHS)

Eine Volkshochschule ist keine Hochschule im eigentlichen Sinn. Es handelt sich um eine gemeinnützige Einrichtung zur Erwachsenen- und Weiterbildung ohne Hochschulcharakter. Das Angebot umfasst z.B. Kurse mit vielfältigen Vertiefungsrichtungen, Kompaktseminare oder Studienreisen.

Quellen

Amundson, D., Djurkovic, S. & Matwiyoff, G. (2012): The Obesity Paradox. Critical Care Clinics, Vol. 26, S. 583–596

Birkenbihl, V. (2007): Birkenbihls Denkwerkzeuge – Gehirngerecht zu mehr Intelligenz und Kreativität. 3. Auflage, Heidelberg: Moderne Verlagsgesellschaft mvg

Buzan, T. (2020): Speed Reading: Schneller lesen – mehr verstehen – besser behalten. 7. Auflage, München: mvg Verlag

Cantrell, J., Fusaro, J. & Dougherty, E. (2000): Exploring the effectiveness of journal writing on learning social studies: A comparative study. Reading Psychology, Vol. 2, S. 1–11

Dodd, L., Al-Nakeeb, Y., Nevill, A. & Forshaw, M. (2010): Lifestyle risk factors of students: A cluster analytical approach. Preventive Medicine, Vol. 51, S. 73–77

Gómez-Pinilla, F. (2008): Brain foods: the effects of nutrients on brain function Nature. Reviews Neuroscience, Vol. 9, S. 568–578

Grützmacher, J.; Gusy, B.; Lesener, T.; Sudheimer, S.; Willige, J. (2018): Gesundheit Studierender in Deutschland 2017. Ein Kooperationsprojekt zwischen dem Deutschen Zentrum für Hochschul- und Wissenschaftsforschung, der Freien Universität Berlin und der Techniker Krankenkasse.

Habermann-Horstmeier, L. (2008): Studie zur Ernährung von Studentinnen, Teil II: Wie ernähren sich Studentinnen in Deutschland? Die Zeitschrift Arbeitsmedizin Sozialmedizin Umwelt (ASU), Vol. 43, S. 536–544

Harris, C. & Laibson, D. (2001): Dynamic choices of hyperbolic consumers. Econometrica, Vol. 69, S. 935–957.

Henderson, M. (2005): The bigger the healthier: Are the limits of BMI risk changing over time? Economics and Human Biology, Vol. 3, S. 339–366

Johnson, B. et al. (2019): Unprocessed Red Meat and Processed Meat Consumption: Dietary Guideline Recommendations From the Nutritional Recommendations (NutriRECS) Consortium. Ann Int Med. Doi: 10.7326/M19-1621

Kabat-Zinn, J. (2003): Mindfulness-Based Intervention in Context: Past, Present, and Future. Clinical Psychology: Science and Practice, Vol. 10, S. 144–156

Kämmerer, A. (2009): Photoalbum der persönlichen Stärken und Schwächen. In: Fliegel, S. & Kämmerer, A. (Hrsg.), Psychotherapeutische Schätze I. 6. Auflage, Tübingen: dgvt Verlag, S. 140–141

Kämpfe, J. (2011): Wirkungen von Hintergrundmusik. Dissertation, Universität Chemnitz

Keller, S., Maddock, J., Hannöver, W., Thyrian, R. & Basler, H.-D. (2008): Multiple health risk behaviors in German first year university students. Preventive Medicine, Vol. 46, S. 189–195

Keller, S., Maddock, J., Laforge, R. Velicer, W. & Basler, H.-D. (2007): Binge drinking and health behavior in medical students. Addictive Behaviors, Vol. 32, S. 505–515

Layard, R. (2009): Die glückliche Gesellschaft. 2. Auflage, Frankfurt am Main: Campus

Lüllmann, H., Mohr, K. & Hein, L. (2010): Pharmakologie und Toxikologie: Arzneimittelwirkungen verstehen – Medikamente gezielt einsetzen. 17. Auflage, Stuttgart: Thieme

Luxem, J.; Runggaldier, K. & Kühn, D. (2010): Rettungsdienst RS/RH. 2. Auflage, München: Elsevier

Mark, G., Gonzalez, V. & Harris, J. (2005): No task left behind? Examining the nature of fragmented work. Proceedings of ACM CHI 2005, ACM, S. 321–330

Marshall, L. & Born, J. (2011): Brain stimulation during sleep. Sleep Medicine Clinics, Vol. 6, Issue 1, S. 85–95

Metzger, C. (2010): Lern- und Arbeitsstrategien. 10. Auflage, Oberentfelden: Sauerländer

Meyer, P., Kayser, B., Kossovsky, M., Sigaud, P., Carballo, D., Keller, P., Martin, X., Farpour-Lambert, N., Pichard, C. &

Mach, F. (2010): Stairs instead of elevators at workplace: cardioprotective effects of a pragmatic intervention. Eur J Cardiovasc Prev Rehabil., Vol. 17, S. 569–575

Montaque, M. & Bos, C. (1990): Cognitive and metacognitive characteristics of eight grade student's mathematical problem solving. Learning and Individual Differences, Vol. 2, S. 371–388

Müller, R.; Jürgens, M.; Krebs, K. & von Prittwitz, J. (2012): 30 Minuten Selbstlerntechniken. 4. Auflage, Offenbach: GABAL

Mullen J., Moorman D. & Davenport D. (2009): The obesity paradox: body mass index and outcomes in patients undergoing nonbariatric general surgery. Annals of Surgery, Vol. 252, S. 166–172

Pan, A., Sun, Q., Bernstein, A., Schulze, M., Manson, J., Stampfer, M., Willett, W. & Hu, F. (2012): Red Meat Consumption and Mortality – Results from 2 Prospective Cohort Studies. Archieves of Internal Medicine (doi:10.1001/archinternmed.2011.2287)

Rambow, R. & Nückles, M. (2002): Der Einsatz des Lerntagebuchs in der Hochschullehre. Das Hochschulwesen, Vol. 50, S. 113–120

Rustemeier, M., Römling, J., Czybulka, C., Reymann, G., Daum, I. & Bellebaum C. (2012): Learning from Positive and Negative Monetary Feedback in Patients with Alcohol Dependence. Alcoholism: Clinical and Experimental Research (doi: 10.1111/j.1530-0277.2011.01696.x)

Schoenfeld, J. & Ioannidis, J. (2013): Is everything we eat associated with cancer? A systematic cookbook review. American Journal of Clinical Nutrition, Vol. 97, 1, S. 127–134

Schwartz, B., Ward, A., Monterosso, J., Lyubomirsky, S., White, K. & Lehman, D. (2002): Maximizing versus satisficing: Happiness is a matter of choice. Journal of Personality and Social Psychology, Vol. 83, S. 1178–1197

Spitzer, M. (2006): Lernen – Gehirnforschung und die Schule

des Lebens. Heidelberg und Berlin: Spektrum Akademischer Verlag

Staufenbiel Institut & Kienbaum Consultants (2017, Hrsg.): JobTrends 2017 – Was Berufseinsteiger wissen müssen. http://www.staufenbiel.de/magazin/jobsuche/jobtrends-was-berufseinsteiger-wissen-muessen.html – Abrufdatum: 12.1.2021

Strack, F., Martin, L. & Stepper, S. (1988): Inhibiting and Facilitating Conditions of the Human Smile: A Nonobtrusive Test of the Facial Feedback Hypothesis. Journal of Personality an Social Psychology, Vol. 54, S. 768–777

Traupe, H. & Hamm, H. (2006): Pädiatrische Dermatologie. 2. Auflage, Heidelberg: Springer Medizin Verlag

Valli, C. et al. (2019): Health-Related Values and Preferences Regarding Meat Consumption – A Mixed-Methods Systematic Review. Ann Int Med. Doi: https://doi.org/10.7326/M19-1326

Voss, R. (2020): Wissenschaftliches Arbeiten. 7. Auflage, München: UVK Verlag

Internetquellen

BITKOM – Bundesverband Informationswirtschaft, Telekommunikation und neue Medien e.V., http://www.bitkom.org/ – Abrufdatum 12.12.2020

CareerBuilder (2015): http://arbeitgeber.careerbuilder.de/news/arbeit geber-ueberpruefen-social-media-profile-von-bewerbern – Abrufdatum 16.7.2015

Jobvite (2020): 2020 Recruiter Nation Survey. https://www.jobvite.com/resource_type/recruiter-nation-survey/ – Abrufdatum 16.12.2020

Meikle, J. (2012): Twitter is harder to resist than cigarettes and alcohol, study finds. the Guardian on Saturday 4 February 2012 http://www.guardian.co.uk/technology/2012/feb/03/twitter-resist-cigarettes-alcohol-study – Abrufdatum 18.12.2020

Techniker Krankenkasse, http://www.tk.de/ – Abrufdatum 18.12.2020

Stichwortverzeichnis